# Holt Spanish Level 1

# ¡Ven conmigo!®

# Native Speaker Activity Book

# Teacher's Edition
## with Answer Key

**HOLT, RINEHART AND WINSTON**
*Harcourt Brace & Company*

**Austin** • New York • Orlando • Atlanta • San Francisco • Boston • Dallas • Toronto • London

Requests for permission to make copies of any part of the work should be mailed to the following
address: Permissions Department, Holt, Rinehart and Winston, 1120 South Capital of Texas
Highway, Austin, Texas 78746-6487.

Cover Photo/Illustration Credits:
Tapete folclórico by Conzuelo Narváez, Nariño; Colombia:  Sam Dudgeon/HRW Photo

¡VEN CONMIGO! is a registered trademark licensed to Holt, Rinehart and Winston.

Printed in the United States of America

ISBN 0-03-053007-5

1 2 3 4 5 6 7   021   03 02 01 00 99 98

# Índice

## ¡Ven conmigo a España!

**CAPÍTULO 1  ¡Mucho gusto!**
Examen diagnóstico .................................................................................. 1

**CAPÍTULO 2  ¡Organízate!**
Lectura: El hombre que cambió la vida ................................................... 6

## ¡Ven conmigo a México!

**CAPÍTULO 3  Nuevas clases, nuevos amigos**
Lectura: Mi fiesta de quinceañera, un día inolvidable .............................. 11

**CAPÍTULO 4  ¿Qué haces esta tarde?**
Lectura: Querido diario: .......................................................................... 16

## ¡Ven conmigo a la Florida!

**CAPÍTULO 5  El ritmo de la vida**
Lectura: Sony, el traductor oficial ............................................................ 21

**CAPÍTULO 6  Entre familia**
Lectura: Versos sencillos de José Martí (selección) .................................. 26

## ¡Ven conmigo a Ecuador!

**CAPÍTULO 7  ¿Qué te gustaría hacer?**
Lectura: Los días adolescentes de Linda ................................................... 31

**CAPÍTULO 8  ¡A comer!**
Lectura: El largo camino hacia una vida mejor ........................................ 36

## ¡Ven conmigo a Texas!

**CAPÍTULO 9  ¡Vamos de compras!**
Lectura: La ventaja de ser bilingüe .......................................................... 41

**CAPÍTULO 10  Celebraciones**
Lectura: La historia de Anna Macías .......................................................... 46

## ¡Ven conmigo a Puerto Rico!

**CAPÍTULO 11  Para vivir bien**
Lectura: Mi amiga Lety .............................................................................. 51

**CAPÍTULO 12  Las vacaciones ideales**
Lectura: La importancia de la herencia hispana ...................................... 56

# Examen diagnóstico

# Al estudiante

Este libro de trabajo está diseñado para aquellos alumnos en los Estados Unidos que ya hablan español como su lengua materna. Quizá Ud. creció en alguna región de los Estados Unidos en donde se hablan el español y el inglés. Quizás uno de sus padres habla español como lengua materna y Ud. creció hablando español en casa. En cualquier caso, este libro le brindará una introducción a la lectura y a la escritura del español. Con el dominio de la lectura y de la escritura, Ud. será capaz de mejorar sus habilidades en el uso del idioma y estará así más preparado para participar en otras comunidades de habla hispana. Las lecturas están basadas en temas culturales de interés para Ud.

## Examen diagnóstico

En las siguientes páginas encontrará un examen diagnóstico. Ud. debe ser capaz de observar los dibujos y describir con detalle qué está sucediendo. Su profesor(a) le hará algunas preguntas acerca de cada dibujo y luego le ayudará a decidir si el *Native Speaker Activity Book* le servirá a Ud.

En el primer dibujo, Ud. debe

- nombrar tantas cosas como sea posible

- hablar acerca de la familia tanto como pueda: quiénes son los miembros de esta familia y cómo son

- decir qué está haciendo cada persona

En el segundo dibujo, Ud. debe

- hablar acerca del tiempo que hace

- hablar acerca de la hora del día

- nombrar tantas cosas como sea posible

En el tercer juego de dibujos, su profesor/a le pedirá escribir un cuento acerca de lo que sucedió en los dibujos. Use el espacio de la página cinco.

- Escriba tanto como pueda acerca de lo que sucedió como si estuviera contando una historia.

- No se preocupe acerca de cómo se deletrean las palabras. Escríbalas lo mejor que pueda.

CAPÍTULO 1

# Dibujo 1

¡Ven conmigo! Level 1

## Dibujo 2

# Dibujo 3

Use el espacio de la página cinco o una hoja de papel para escribir tanto como pueda de lo que sucedió en los dibujos.

## Dibujo 3

### Escena 1

_____

_____

_____

_____

_____

_____

### Escena 2

_____

_____

_____

_____

_____

_____

### Escena 3

_____

_____

_____

_____

_____

_____

### Escena 4

_____

_____

_____

_____

_____

_____

CAPÍTULO 1

# CAPÍTULO 2

# 2 ¡Organízate!

## ■ VAMOS A LEER

### 1 Antes de empezar

- Como primer paso, repase las ideas que Ud. tenga sobre lo que es una dictadura, una monarquía y una democracia.

- Piense en la información que Ud. ya tenga acerca de los reyes europeos y en particular sobre la familia real española. ¿Cómo ha adquirido Ud. estos conocimientos? ¿Ha sido a través de periódicos, revistas, documentales en la televisión o por otros medios?

- Imagine por un momento que Ud. pertenece a una familia real. ¿Cuáles serían sus privilegios en la vida? ¿Tendría control absoluto sobre su tiempo?

- Luego, lea con atención el siguiente texto acerca del rey Juan Carlos I de España.

- En seguida, haga una lista de las palabras que no le sean familiares e investigue su significado.

- Finalmente, consulte revistas y libros para ampliar sus conocimientos sobre el rey Juan Carlos y España.

### 2 El hombre que cambió la vida

España es quizá el país que más cambios ha experimentado en su estilo de vida en los últimos veinte años. Todo empezó en 1975 con la muerte del general Francisco Franco, un dictador que se mantuvo en el poder durante casi cuarenta años, después de la guerra civil española de 1936 a 1939.

"El Caudillo", como solían llamar a Franco, nombró como su sucesor en el poder al rey Juan Carlos I, el joven nieto del último rey Alfonso Borbón XIII —depuesto en 1931.

En vez de establecer una monarquía absolutista, como muchos pensaban, Juan Carlos I sorprendió al mundo al promover la transición de España a un país democrático.

El rey estableció las bases democráticas de la España contemporánea e incluso cuando una fracción del ejército intentó un golpe de estado en 1981, Juan Carlos hizo una heroica defensa del joven sistema democrático y derrotó a los militares. Actualmente España es una monarquía constitucional.

El rey es el jefe de estado y al frente del gobierno está el primer ministro. El rey no puede intervenir directamente en el funcionamiento del gobierno. El primer ministro y los secretarios que integran su gabinete se ocupan de las funciones gubernamentales. La función legislativa está a cargo de un parlamento bicameral que en España es conocido como Cortes Generales. Juan Carlos I es un asesor en materia de políticas de gobierno. Su corona representa la unidad nacional española.

Juan Carlos I nació en Roma en 1938, mientras sus padres se encontraban en el exilio. Durante la segunda guerra mundial vivió en Suiza con su abuela y a la edad de diez años volvió a España. Su regreso se debió a un acuerdo con el general Franco en el que se estipulaba que éste se ocuparía de su educación. En ese entonces el príncipe Juan Carlos I apenas hablaba el idioma castellano.

Profesores particulares educaron a Juan Carlos durante su infancia y adolescencia.

Luego, a los 18 años, asistió a la Academia Militar de Zaragoza. A los 24 años se casó con la princesa Sofía de Grecia y en 1968 nació el sucesor de la dinastía real: el príncipe Felipe.

En la actualidad, los reyes de España viven en el Palacio de la Zarzuela, en Madrid, y tienen tres hijos: la infanta Elena, que nació en 1965 y contrajo matrimonio en la primavera de 1995, la infanta Cristina, dos años menor y casada desde 1997, y el príncipe Felipe.

Todos los miembros de la familia real española tienen grados universitarios y representan la imagen saludable y positiva de la España democrática. El rey paga sus impuestos como cualquier ciudadano común, se levanta todos los días a las siete de la mañana, escucha las noticias en la radio y hace gimnasia, antes de llegar a su despacho a las 9:30 de la mañana.

Mientras otras familias de la nobleza europea han visto su estabilidad afectada recientemente, nadie pone en duda que la familia real española goza de solidez y armonía. El pueblo español admira y respeta a la familia real y en especial a su soberano, Juan Carlos I. Gracias en parte a él, la democracia en España está consolidada.

| | |
|---|---|
| **asesor** | consejero |
| **estipular** | acordar |

## 3 A los detalles

1. ¿Quiénes son los miembros de la familia real española?
2. ¿Qué tipo de relación mantiene el pueblo español con su familia real?
3. ¿Qué tipo de gobierno proclamó el rey Juan Carlos I?
4. ¿Cuál fue el hecho histórico que determinó la llegada del rey Juan Carlos I al poder?
5. De acuerdo con la educación que había recibido el rey Juan Carlos I, ¿qué tipo de gobierno se esperaba que establecería?

## 4 Vamos a comprenderlo bien

1. ¿Cuál es el punto clave de la lectura?
2. ¿Cuál fue el factor que determinó el cambio hacia la democracia en España?
3. Según su opinión, ¿hizo bien Juan Carlos I en romper con las expectativas que Franco había cifrado en él? ¿Por qué?
4. ¿Cuál es la diferencia entre una monarquía absolutista y una monarquía constitucional?
5. ¿Cree usted que actualmente hay elecciones libres en España?

## 5 Reglas de acentuación: las palabras interrogativas

¿Cuáles son las palabras que se escriben con acento? Hay varias reglas sobre el uso del acento. Unas palabras que siempre se escriben con acento son las **interrogativas**. Estas palabras forman parte de una pregunta directa o indirecta.

¿Qué? ¿Quién? ¿Quiénes? ¿Cuál? ¿Cuánto? ¿Cuántos? ¿Dónde? ¿Cuándo? ¿Cuáles? ¿Cómo? ¿Cuánta? ¿Cuántas? ¿Adónde? ¿Por qué?

1. Escoja la palabra apropiada del cuadro para completar las siguientes preguntas.

1. ¿_____ dinero necesitas para comprar el boleto?

2. ¿A _____ hora es el concierto?

3. ¿_____ sabe de dónde es la artista?

4. ¿_____ tendrá lugar el concierto?

5. ¿_____ se llama el nuevo disco compacto?

6. ¿_____ no quieres venir?

CAPÍTULO 2

2. Cuando estas palabras no son interrogativas, tienen una función afirmativa en la oración. En este caso, no se escriben con acento. Por ejemplo:

> Juan dice **que** no quiere venir.
> María siempre lee **cuanto** puede.
> ¿Es verdad que Alejandra no quiere ir **porque** está cansada?
> Martín, **quien** vive en Segovia, es estudiante de inglés.

En las siguientes frases, escriba el acento sobre las palabras que sean interrogativas.

1. ¿Cuanto tiempo hace que vives aquí?
2. ¿Como te llamas?
3. ¿De donde eres?
4. ¿Que te pasa? ¿Tienes frío?
5. Marcos hace siempre lo que yo le pido.
6. ¿Quien es ese muchacho?
7. ¿Cual es tu teléfono?
8. Me puede decir ¿donde está el teatro?
9. Carlos vive donde viven los Pérez.
10. ¿Cuando quieres comer?

# 6 Ortografía: la letra *d*

La actividad 6 le irá explicando algunas reglas de ortografía (la manera de deletrear la palabra). Comenzamos con una pregunta que Ud. tendrá sobre la letra **d**. Ud. habrá notado que algunas veces la **d** en español tiene un sonido duro y otras veces un sonido suave, o apenas se oye. Al principio de una frase o después de **n** o **l** se pronuncia la **d** con un sonido duro: **duro, dedo, un dólar, el día.** Entre dos vocales o al final de la palabra, tiene un sonido muy suave, parecido a la *th* en inglés *(they)*. Este sonido suave tiende a perderse en el habla rápida, pero hay que saber escribirlo de todas maneras: **ciudad, hablado, enojada, cuidado.**

1. En las siguientes palabras escriba una **D** si la **d** subrayada se pronuncia con un sonido duro y una **S** si es suave.

_____ No se pue**d**e decir.          _____ ¿Habla uste**d** español?

_____ ¿Qué e**d**ad tiene?          _____ Uds. me lo pueden **d**ecir.

_____ Esa blusa cuesta un **d**ineral.          _____ Está enoja**d**o.

_____ La ciu**d**ad es muy bonita.

2. Haga dos listas: una de cinco palabras o frases de la lectura que se escriban con una **d** de un sonido fuerte (**un dólar**) y cinco palabras que se escriban con una **d** de un sonido suave (**hablado**). No hay que olvidarse de mirar las letras que vienen antes de la **d**.

3. En palabras como **enojado** y **cuidado**, el grupo de letras **-ado** muchas veces se pronuncia como **-au**. La **d** también puede desaparecer cuando viene al _____ de una palabra, por ejemplo en la palabra _____.

# ■ VAMOS A ESCRIBIR

**7** ¿Cómo redactar un reporte? Revise una vez más la lectura y busque la estructura del relato. Escribir un reporte es su oportunidad de aprender algo interesante acerca de un tema en particular. Escriba un reporte de dos páginas acerca de un tema que a Ud. le interese.

## Antes de escribir

- Para escoger el tema de su reporte, piense primero en sus aficiones. ¿Qué tipo de libros o revistas le gusta leer? ¿De qué tópicos le gusta enterarse por medio de la televisión? ¿De qué temas le gusta conversar, pensar y saber más?

- Recuerde que cada gran tema incluye varios tópicos pequeños. Ud. tiene que limitar los grandes temas enfocándose en sólo un aspecto.

- ¿Puede Ud. encontrar suficiente información acerca de su tema?

- El propósito de escribir un reporte es descubrir información junto con otras personas. ¿El tema es lo suficientemente interesante para mantener la atención de sus lectores?

- ¿Qué le gustaría saber acerca del tema? ¿Qué les gustaría saber a sus lectores? Haga una lista de preguntas que le ayuden a encontrar esa información. Prepare un índice con títulos y subtítulos que lo guíen cuando escriba.

## Escriba su primera versión

- Un reporte tiene tres secciones: introducción, desarrollo y conclusión. En un reporte, Ud. debe usar fuentes de información externas, como periódicos, revistas o libros. Al final de su reporte Ud. debe escribir una lista de fuentes que indique a su lector en dónde encontró la información.

- Los reportes individuales, como los de la escuela o los de los negocios, necesitan por lo general una portada. En la portada escriba Ud. su nombre, el título del reporte, la fecha y la información que su profesor(a) recomiende.

- Su lector puede encontrar más cosas acerca del tema si consulta la lista de fuentes de información. Después de su conclusión, comience una página nueva. En el margen superior de la hoja, escriba: "Referencias". Ponga sus fuentes en orden alfabético por el apellido del autor. Si no hay autor, ordene alfabéticamente, usando la primera palabra del título.

## Evaluación y revisión

- ¿Su reporte tiene más de una fuente de información?

- ¿El reporte le ofrece al lector suficiente información?

- ¿La información está organizada de manera clara y comprensible?

- ¿Hay una introducción al tema del reporte?

- ¿La lista de fuentes está incluida al final del reporte?

CAPÍTULO 2

# ■ VAMOS A CONOCERNOS

## 8 A escuchar

Escuche las entrevistas del **Panorama cultural** del capítulo 2: "¿Qué necesitas para el colegio?" Ponga atención al vocabulario que usan los hablantes de Ecuador, Argentina y Venezuela. Luego, haga una lista de las cosas que Ud. necesita para el colegio pero divídalas en cuatro categorías: ¿qué necesita para escribir? ¿qué necesita para leer? ¿qué necesita para vestir? ¿qué necesita para cargar sus cosas? Compare sus respuestas con las de los entrevistados.

## 9 A pensar

La **patria chica** es una parte importante de la cultura de los países hispanohablantes. Patria chica se refiere al orgullo que la gente tiene por sus regiones, ciudades o pueblos de origen. Por ejemplo, si Carlos nació en Monterrey, dirá primero que es regiomontano y luego que es mexicano. Lo mismo ocurre en otros países —porteños (de Buenos Aires) en Argentina, caleños (de Cali) en Colombia. En Estados Unidos, este orgullo por la patria chica no es tan intenso, aunque en algunos estados, como Texas, es similar al de los países hispanohablantes.

En media página, escriba qué significa para Ud. y su familia su lugar de origen. ¿Están orgullosos de su patria chica? ¿Por qué?

## 10 Así lo decimos nosotros

Complete el siguiente cuadro con la palabra inglesa, la variante local (la palabra que usan muchos hispanohablantes en los Estados Unidos) o el español internacional. Búsquelas en un diccionario si no puede encontrar la respuesta. ¿Qué consonantes tienden a desaparecer en las variantes locales?

| Palabra inglesa | Variante local | Español internacional |
|---|---|---|
| red | colorao | |
| | disturbar | perturbar |
| city | ciudá, suidá | |
| dime | | diez centavos |
| to dump | | tirar |
| you | usté, uté | |
| to shine shoes | | lustrar |
| silent | callao | |

# ■ VAMOS A CONVERSAR

## 11

Forme con un grupo de estudiantes un panel de debate. Lea el texto que escribió en la actividad 9 acerca de la patria chica de Ud. y su familia. Pregunte a otros estudiantes ¿de dónde son? y ¿qué tan orgullosos están de su patria chica? Discutan las ventajas y las desventajas del orgullo por la patria chica.

# 3 Nuevas clases, nuevos amigos

## ■ VAMOS A LEER

### 1 Antes de empezar

El quinceañero es una fiesta que celebran todas las jóvenes al cumplir 15 años. Muchas veces las celebraciones son muy grandes y elaboradas. El texto que sigue relata una celebración típica de una quinceañera. Antes de leer el texto, piense en lo siguiente:

- Como primer paso, dé una lectura rápida al texto para obtener una idea general de su contenido.

- Una vez que tenga una idea del tema de la lectura, es conveniente revisar cuál es la información que Ud. ya conoce.

- Después, haga una lista de las palabras que no le sean familiares e investigue su significado.

- Finalmente, Ud. puede consultar referencias bibliográficas sobre los personajes, acontecimientos, o sitios de interés que se mencionen en la lectura.

### 2 Mi fiesta de quinceañera, un día inolvidable

La fiesta de los quince años es una celebración que todas las muchachas esperamos con gran ilusión. Mamá y yo estuvimos preparando la mía con seis meses de anticipación. Son tantos los detalles que hay que cuidar que, si no empiezas su organización temprano, corres el riesgo de que algo te salga mal.

Lo primero que hicimos fue invitar a catorce amigas y catorce amigos que formarían parte de mi corte de honor. Estas damas y caballeros, que es como se les llama, aceptaron comprometerse a asistir a los ensayos de los bailes, una vez por semana, durante dos meses. También estuvieron de acuerdo en comprar todo el atuendo que habrían de lucir el día de la fiesta. El caballero de honor fue mi primo Lalo, ya que yo todavía no tengo un amigo especial.

Una vez que mis 29 acompañantes estuvieron seguros, lo siguiente fue ordenar las invitaciones. En ellas aparecieron los nombres de los participantes en el vals y de algunos familiares y amigos que aceptaron ser padrinos y madrinas. Estos últimos ayudaron a mis padres con los gastos del banquete y la orquesta. También me regalaron algunos artículos especiales necesarios para la ceremonia.

Toda mi familia participó en la elaboración de la lista de invitados; amigos de mis papás, de mis hermanos, y míos; vecinos y hasta familiares de México vinieron a la fiesta.

Papá fue quien alquiló el salón de fiestas, pero mamá y yo escogimos el menú del banquete. La decoración de la iglesia estuvo a cargo de mi tía Rosa, el templo se veía bellísimo, todo lleno de flores. Mi amiga Paty se ocupó de las decoraciones de las mesas; después de la fiesta es costumbre que los invitados se lleven a su casa estos ornamentos, de recuerdo. El vestido, con incrustaciones de pedrería, me lo hizo mi abuelita, quedó precioso. Abue es una verdadera artista. El pastel me lo regaló mi tío Ramiro, estaba riquísimo.

El mero día yo estaba bastante nerviosa, pensaba que algo iba a salir mal, que algunos caballeros no se iban a presentar o algo así. Gracias a Dios, todo salió genial. A veces, cuando me pongo a ver el video de mi fiesta de quinceañera me dan ganas de llorar. Estuvo todo tan lindo, que creo que valió la pena que

mis papás y yo trabajáramos tanto para que todo saliera bien. Nunca voy a olvidar ese día.

> **comprometerse** aceptar una obligación
> **atuendo** ropa de vestir

## 3 A los detalles

1. ¿Cuál fue el primer paso que dio la quinceañera para organizar la fiesta?
2. ¿En qué consistía el compromiso que asumieron las damas y los caballeros?
3. ¿Quiénes están en la lista de invitados?
4. ¿En qué aspecto de la fiesta colaboró Paty, la amiga de la quinceañera?
5. ¿Cómo se sentía la quinceañera el día de su fiesta y, finalmente, qué tal estuvo la celebración?

## 4 Vamos a comprenderlo bien

1. ¿Por qué toma tanto tiempo la preparación de una fiesta para una quinceañera?
2. ¿Cuál cree Ud. que es el significado cultural de la fiesta del quinceañero?
3. ¿Cree Ud. que es conveniente conservar este tipo de tradiciones?
4. ¿Qué piensa de la función de los padrinos y las madrinas en este tipo de fiestas?
5. ¿Ha participado como dama o caballero o ha asistido alguna vez a un baile de quinceañero? Si es así, ¿cuál fue su experiencia?

## 5 Reglas de acentuación: la sílaba

La sílaba es la unión de letras que se pronuncia con un solo golpe de voz. En toda sílaba siempre hay por lo menos una vocal (las vocales son **a, e, i, o, u**). Por ejemplo:

in — de — pen — den — cia
co — rre — o
ca — mio — ne — ta
ju — gue — te

Conviene nombrar las tres sílabas:

| antepenúltima | penúltima | última |
|---|---|---|
| co | rre | o |
| (correo) | | |

1. En las siguientes palabras, ponga un círculo alrededor de la sílaba que tiene mayor énfasis.
   1. ho la
   2. de pen de
   3. ca li fi ca ción
   4. con so nan te
   5. so ni do
   6. en ten der
   7. ju gue te
   8. cua der no
   9. di ver ti do
   10. li ber tad

La palabra se divide en sílabas. Al dividir la palabra, tenga presentes las siguientes reglas:

• Generalmente, la vocal debe de terminar la sílaba.
   em/pie/za    so/ni/do    ca/na

• Si no es posible que la vocal termine la sílaba, son siete las únicas consonantes que pueden ocurrir al final: **d, l, m, n, r, s, z**
   li/ber/tad    man/tel    to/man    ha/blar    vo/ces    llo/viz/na    ál/bum

• Generalmente, hay que evitar un grupo consonántico al principio de sílaba. Las excepciones son las consonantes que van agrupadas antes de **l** o **r**:

es/te     i/**gl**e/sia     ha/**bl**ar     in/**gr**e/so     llo/viz/na     ce/le/**br**ar     em/pie/za

2. En el siguiente párrafo divida cada palabra en sílabas poniendo una diagonal (/) entre ellas. Algunas ya están hechas.

La fies/ta del quin/ce a/ñero es una celebra/ción que todas las muchachas esperamos con gran ilu/sión. Mamá y yo es/tuvimos preparando la mía con seis meses de anticipa/ción. Son tantos los deta/lles que hay que cui/dar que, si no empie/zas su organización temprano, corres el ries/go de que algo te salga mal.

## 6 Ortografía: las letras *h, j* y *g*

En español la letra **h** nunca se pronuncia, pero hay que saber escribirla. Muchas personas, por ejemplo, escriben palabras como **hacer, ¡hola!, hablar, haber,** erróneamente sin la **h**. También hay que tener cuidado de no escribir **h** cuando no sea necesario. Además, las letras **j** y **g** muchas veces se confunden con la **h**.

1. Lea la lectura otra vez y haga otra lista de las palabras que se escriben con **h**.

_____

2. Ahora busque palabras en la lectura que se escriban con **j** o **g**. Haga una lista de estas palabras.

| j | g |
|---|---|
| _____ | _____ |
| _____ | _____ |
| _____ | _____ |
| _____ | _____ |
| _____ | _____ |
| _____ | _____ |

3. ¿Pensaba Ud. que algunas de estas palabras se escribían con **h**?
4. ¿Cómo se pronuncian la **g** y la **j** de estas palabras?
5. ¿Se pronuncia la **j** del español más o menos como la **h** del inglés en todos los contextos?
6. ¿Cuándo (en cuáles contextos) se pronuncia la **g** del español como la **j**? (PISTA: Mire Ud. la vocal que sigue a la **g**)
7. Piense un momento en la palabra **escoger**. ¿Cómo se escribirían las varias formas de este verbo. Piense en la forma del presente de **yo**.

CAPÍTULO 3

# ■ VAMOS A ESCRIBIR

**7** ¿Cómo escribir una breve reseña histórica? Improvise un tema relacionado con el contenido de este capítulo y estructure un texto de media página según el siguiente proceso:

### Antes de escribir

- Escriba todas las posibilidades que se le vengan a la cabeza.

- Escoja una de esas ideas según lo que sabe del tema. Mientras mejor conozca el tema, su texto va a resultar más completo. Por ejemplo, usted podría hablar del movimiento por los derechos civiles en los EE.UU.

- Siempre puede ampliar la información que posee al consultar libros y revistas.

### Escriba su primera versión

- El siguiente paso es crear un diagrama de la información: organizar el material. Invente un título y separe el material en párrafos.

- Escriba un borrador en el que observe los tres pasos tradicionales: plantear el problema, explorar soluciones y llegar a una conclusión.

### Evaluación y revisión

- Revise el vocabulario de su texto y verifique con su maestro que todo esté en orden.

- Escriba su versión final.

# ■ VAMOS A CONOCERNOS

## 8 A escuchar

Escuche las entrevistas del **Panorama cultural** del capítulo 3: "¿Cómo es un día escolar típico?" Ponga atención al modo en que estos hablantes responden a la pregunta y compare los acentos de Argentina, Costa Rica y Venezuela. Decida qué acentos son similares y qué acentos son únicos. Compare lo que oiga con la manera en que Ud. pronuncia las mismas palabras.

## 9 A pensar

Ahora vamos a desarrollar un análisis de un conflicto de valores. El tema es el sistema autoritario que se observa en la estructura de muchas familias en los países de habla española, con padres controladores e hijos dependientes, frente al sistema flexible de trato entre padres e hijos en la familia estadounidense.

En media página, escriba sus experiencias en las que haya percibido estos contrastes y diferencias entre las dos culturas.

CAPÍTULO 3

## 10 Así lo decimos nosotros

Complete el siguiente cuadro con la palabra inglesa, la variante local o el español internacional. Búsquelas en un diccionario si no puede encontrar la respuesta.

| Palabra inglesa | Variante local | Español internacional |
|---|---|---|
|  | ganga | pandilla |
| clothes | garras |  |
| gasoline |  | gasolina |
|  | greve | salsa |
| groceries | grocerías |  |
| to look at | guachar | mirar |
|  | mijito | mi hijito |
| hello | jaló |  |

# ■ VAMOS A CONVERSAR

**11** En esta actividad, Ud. usará el material que preparó en la actividad 9, **A pensar**, y lo elaborará en forma de argumentos para un debate. En su participación frente a la clase expondrá las ventajas o desventajas, las conveniencias o inconveniencias, lo positivo o lo negativo de lo que haya observado en las prácticas culturales cuestionadas.

Nombre _____ Clase _____ Fecha _____

# ¿Qué haces esta tarde?

# ■ VAMOS A LEER

## 1 Antes de empezar

- El siguiente texto es una página de un diario de una adolescente de 16 años que está de vacaciones con su familia. Dé una primera lectura general al texto.

- Reflexione sobre la estructura narrativa de la lectura. ¿Desde qué punto de vista está contada la historia? ¿En qué persona está la voz narrativa: 1ª, 2ª o 3ª? ¿Utiliza más de una persona gramatical al narrar su experiencia personal?

- ¿En cuántos lugares se desarrolla la historia?

- Recuerde que en los textos literarios los conflictos de intereses y las contradicciones en el manejo de los valores humanos atraen como un imán al lector. Esté pendiente de cómo se plantean.

- Advierta también que al realizar la lectura es conveniente formarse una idea de cómo es un personaje. Esto le permitirá anticipar su actuación en el desarrollo de la historia.

- Ahora sí, a emprender la lectura de *Querido diario*.

## 2 Querido diario:

10 de marzo

Querido diario:

Llegamos hoy por la tarde a la Isla. Anoche estaba tan cansada con todos los preparativos —hacer la maleta mía y la de Laurita; poner en una caja las revistas, discos compactos, libros y juegos de mesa que iba a traer; acomodar en mi bolsa de cosméticos los bronceadores, cepillos de dientes, jabón, shampoo, peines— que caí rendida en la cama y me olvidé de ti.

Papá vino todo el camino de excelente humor. Venía cantando sus acostumbradas canciones de los sesenta, que, por otro lado, son las únicas que se sabe. Nos pidió que cada uno de nosotros nos turnáramos y cantáramos una. Qué tan relajado no estaría que hasta soportó, sin chistar, una canción rap de Lalo, y eso que en múltiples ocasiones le ha apagado la televisión cuando lo pesca viendo algún videoclip de esas "pseudocanciones", como las llama él.

Espero que estas vacaciones realmente contribuyan a bajar el nivel de tensión en que papá vive. Últimamente lo he notado sumamente alterado. Fácilmente pierde el control de sí mismo y se vuelve de lo más desagradable. Mamá siempre trata de calmar las cosas, pero toda la familia sufre por sus desplantes de autoritarismo injustificado. Mamá dice que las grandes corporaciones en este país acaban con los nervios de sus empleados.

Tú sabes, después de que batallé tanto para que me diera permiso de tener novio y de que finalmente aceptó que Adrián entrara a la casa, ahora cada vez que lo ve, no desaprovecha oportunidad para hacerle una mala pasada. En el mejor de los casos lo ignora, cuando no le hace alguna mala cara o le pide que se retire diciendo que ya es muy tarde, cuando apenas son las siete de la noche.

Ayer que, con ayuda de mamá, intenté celebrar el cumpleaños de Adrián —que va a caer este jueves que vamos a estar aquí— papá rompió el récord de la insensatez y dio marcha atrás al permiso de traer novio a la casa. Cuando llegó del trabajo, bastó con que nos viera sentados en la mesa de la cocina, comiendo el pastel de chocolate que le había preparado a mi novio, para que saliera, en un tonito por demás agresivo, con que: ¿qué clase de chiflazón era esa? y que le parecía increíble que le tuviéramos más atenciones a ese advenedizo que a él. Cuando se fue, vino el acostumbrado discurso sobre el pelo largo y las "fachas" en que anda vestido mi novio. Para terminar con su clásico: los muchachos que tocan en bandas pertenecen al peor de los ambientes, quién sabe qué amistades tendrá y claro, tú también, al acompañarlo, andarás metida en no sé qué lugares. Como siempre le agradecí el voto de confianza.

Es en esos momentos cuando me entra un tremendo sentimiento de vergüenza ajena. Me apeno muchísimo por esas humillaciones absurdas que tiene que sufrir Adrián tan sólo por querer estar cerca de mí. Tengo la impresión que Adrián se pregunta ¿cómo es posible que tenga un papá tan mal educado? Lo bueno es que entre él y yo hemos hablado mucho de este problema y decidimos que no vamos a dejar que arruine nuestra relación.

A propósito de camisas y pantalones sueltos que tanto fastidian a papá, ayer Adrián traía puesta la camisa que no me gusta nada como le queda. Pero como yo se la regalé, ni modo de soltarle que se ve espantosito con ella; se le ha de hacer mucha ilusión ponérsela.

Desde que llegamos al motel (ahorita son las nueve de la noche), Lalo no se ha despegado del televisor. Le pregunté si se pensaba pasar toda la semana haciendo lo que normalmente hace en casa. Me contestó que no me metiera en sus asuntos. Le dije que perfectamente nos podíamos haber ahorrado su presencia. Mamá y papá fueron al supermercado con Laurita a traer los comestibles para la semana.

Hace un momento interrumpí la escritura para ver el paisaje desde el balcón. Qué sentimiento de impotencia me causa la inmensidad del mar. Me entristeció un poco el hecho de que voy a estar siete días sin ver a Adrián. Se me van a hacer eternos. Me he acostumbrado a verlo todos los días, a contarnos todos nuestros problemas, nuestros proyectos.

Te voy a tener que esconder en un lugar más seguro. Ayer vi a papá con un diccionario que tomó del librero de mi cuarto donde acostumbro guardarte, detrás de los libros. La que se me habría armado; ¿qué tal si por casualidad te hubiera encontrado? Estoy segura que sin el menor recato te habría leído y se habría enterado de mis intimidades pero, claro, en su caso no habría tenido nada de inmoral, para eso es mi papá, quien siempre se burla del respeto a la privacidad que se observa en este país: los hijos no tienen derecho a esconder nada a sus padres. Cuando sean capaces de mantenerse a sí mismos, dice, ahí sí, cada quien sus propios asuntos.

Ni siquiera los poemas de Sylvia Plath me entretienen. Hace apenas ocho horas que llegamos y este viaje ya me tiene bastante aburrida. Empecé la novela que me recomendó Nora, pero realmente Danielle Steele no es mi género. Me siento totalmente fuera de lugar aquí. Y papá ya advirtió que nada de llamadas de larga distancia.

Me pregunto si a mis 16 años ya no estoy en edad de salir con mi familia sino con amigos. La sola idea de que papá se entere de estos pensamientos me hiela la sangre. Hace un momento empecé una carta para Adrián. Todo el tiempo me encuentro pensando en él, preguntándome qué estará haciendo en este momento. Las canciones que nos gustan me lo recuerdan con mayor fuerza.

Tengo hambre. Ya quiero que mis papás lleguen para preparar la cena. Me temo que por la evidente dependencia hacia mis padres estoy condenada a mantener este frágil equilibrio entre mi vida familiar, a veces injusta y cerrada, y mi vida romántica, muy mía y a pesar de papá, muy personal. Voy a hacer mi mejor esfuerzo por pasar estos días con la familia, ocupada, viviendo el momento. Al fin y al cabo, la vida entera me espera. Ahí llegan, oigo la risa de Laurita en el pasillo. Mañana seguimos.

| desplante acción inesperada | insensatez que no tiene sentido |
|---|---|
| chiflazón locura; tontería | advenedizo extranjero o forastero |
| recato cautela, modestia | |

## 3 A los detalles

1. ¿En qué se basa la protagonista para señalar que su padre se encontraba de excelente humor en el trayecto al lugar de vacaciones?
2. ¿A qué causas atribuye la mamá de la protagonista la inestabilidad emocional de su esposo?
3. ¿Cuál es el trato que el papá de la protagonista tiene con su novio?
4. ¿Qué cree el personaje principal que tiene que hacer con su diario? ¿Por qué?
5. ¿Qué clase de sentimientos expresa la protagonista por su novio durante sus vacaciones?

CAPÍTULO 4

## 4 Vamos a comprenderlo bien

1. ¿Lleva usted un diario en donde registra los pormenores de su vida cotidiana? ¿Cree usted que esta práctica ayuda a las personas a conocerse a sí mismas? ¿Por qué?

2. ¿Cree usted que la actitud intolerante del padre de la protagonista va a afectar la relación con su novio? ¿Por qué?

3. ¿Cuál es su opinión sobre la posición del papá de la protagonista al preocuparse por las compañías con quienes anda su hija? ¿Hace bien al intentar protegerla? ¿Qué haría usted en su lugar?

4. ¿Considera usted que la protagonista hace bien en sentirse indispuesta con su papá por la falta de respeto a su privacidad? ¿Por qué?

5. ¿Cuál cree usted que es la causa principal de los conflictos entre padres e hijos que afectan a tantas familias?

## 5 Reglas de acentuación: las palabras llanas

En cuanto a la acentuación, las palabras se clasifican por la sílaba que lleva el énfasis. Las cuatro clasificaciones son llanas, agudas, esdrújulas y sobresdrújulas. Son **llanas** las palabras que llevan la fuerza de la pronunciación en la penúltima sílaba, como en (li)bro.

1. Las palabras en el cuadro son llanas. Todas terminan con una vocal (**a, e, i, o, u**) o con las consonantes **n** o ____.

   > espectadores    admite    nacionalismo
   > mexicano    pueden    tamales    apunta

2. Las palabras en el cuadro abajo son llanas también, pero todas tienen letras que llevan acento escrito. Estas palabras terminan con las consonantes **l, d,** ____ o ____.

   > lápiz    útil    González    césped    huésped
   > árbol    azúcar    automóvil    néctar

3. Las palabras llanas se escriben con acento sólo cuando terminan con (encierre en un círculo la respuesta correcta):
   a. una vocal
   b. una l, r, d o z
   c. una n o s

4. Basándose en lo que Ud. acaba de aprender sobre las palabras llanas, escriba el acento en el caso que sea necesario.

   | | | |
   |---|---|---|
   | fragil | caracter | carcel |
   | grupos | centro | tunel |
   | lunes | facil | Gomez |
   | portatil | agil | camas |

## 6 Ortografía: las letras *b* y *v*

En español es difícil a veces saber cuándo se escribe una palabra con **b** y cuándo se escribe con **v**.

1. Repita las siguientes frases en voz baja y ponga atención al sonido de la **b** y la **v** sub-rayadas.
   <u>V</u>oy a la bo<u>d</u>ega.
   ¿<u>V</u>ino tinto o vino blanco?
   Necesito el <u>v</u>aso.
   Hace mucho frío en el in<u>v</u>ierno.
   Dame un <u>b</u>eso.
   Esos colores no com<u>b</u>inan.
2. ¿Qué notó Ud. de la pronunciación de la letra **b** y la letra **v**? Ahora busque palabras de la lectura que se escriban con una **b** o una **v**. ¿Sabía Ud. que éstas se escribían así?
3. ¿Puede inventar algo para acordarse de cuándo escribir una **b** o una **v**?

# ■ VAMOS A ESCRIBIR

**7** ¿Cómo redactar una descripción? Una descripción es una representación de personas, cosas, acciones o lugares. Una buena descripción da una imagen clara de lo que representa.

### Antes de escribir

• Sirve de mucho conocer lo que se describe, pero si Ud. no lo conoce, puede usar su imaginación.

• El propósito de la escritura descriptiva puede llevarlo a Ud. a dos caminos diferentes. El primero es describir algo exactamente como es. El segundo camino es el que Ud. toma en descripciones impresionistas o creativas. Ud. describe algo para crear un sentimiento o un estado de ánimo.

• La descripción que escriba dependerá del lector a quien Ud. se dirija. Pregúntese siempre qué necesita saber su lector para ver claramente lo que Ud. está describiendo.

### Escriba su primera versión

• Detalles sensoriales provienen del uso de sus sentidos —ver, tocar, oír, oler y gustar.

• Utilice palabras exactas para describir. Un ejemplo de una palabra exacta podría ser: "reventón", palabra usada por los jóvenes en México para referirse a una fiesta con música, especialmente música rock.

• Use figuras del lenguaje para comparar cosas diferentes.

### Evaluación y revisión

• ¿Los detalles ayudan al lector a "ver" lo que Ud. describe? ¿El retrato es nítido? Escriba detalles sensoriales y figuras del lenguaje cuando sea necesario.

• ¿Los detalles sirven para crear un sentimiento acerca de lo que se describe?

• Escriba palabras exactas y elimine las que son generales o vagas.

CAPÍTULO 4

# ■ VAMOS A CONOCERNOS

## 8 A escuchar

Escuche las entrevistas del **Panorama cultural** del capítulo 4. "¿Te gusta pasear con tus amigos?" Ponga atención al modo en que los entrevistados responden. Luego, haga la misma pregunta a cinco compañeros. Compare sus respuestas con las de los hispanoha-blantes de San Diego, México, Sevilla y Buenos Aires. ¿A todos les gusta el paseo? ¿Adónde les gusta ir? Imagine por qué.

## 9 A pensar

A la mayoría de los jóvenes de los países de habla hispana les gusta el rock, ya sea en inglés o en español. En México, como en otras partes de Latinoamérica, los jóvenes usan un lenguaje muy particular para referirse a la música rock. Una "rola", por ejemplo, es una canción o una pieza de música rock. Una "tocada" es un concierto de rock. Un "reventón" es una fiesta. Asimismo, la música rock en México ha creado sus propios espacios, sobre todo en las ciudades. En la ciudad de México, el Tianguis del Chopo ("tianguis" es mercado al aire libre en México) es el lugar donde los jóvenes pueden vender, comprar o intercam-biar discos de música rock. Los aficionados al rock visitan el Tianguis del Chopo con fre-cuencia para comprar discos baratos o difíciles de conseguir en los circuitos comerciales.

## 10 Así lo decimos nosotros

Complete el siguiente cuadro con la palabra inglesa, la variante local o el español interna-cional. Búsquelas en un diccionario si no puede encontrar la respuesta.

| Palabra inglesa | Variante local | Español internacional |
|---|---|---|
| guy | | tipo |
| to joke around | vacilar | |
| to be ashamed | | avergonzarse |
| | alivianarse | estar tranquilo, sensato |
| I saw | vide | |
| bus | baisón | |
| | mover bigote | comer |
| to dance | tirar chancla | |

# ■ VAMOS A CONVERSAR

**11** Forme con un grupo de estudiantes un panel de debate. Pregúnteles si les gusta la música rock. Pregúnteles si ellos han ido a conciertos de música rock y cuáles fueron sus experien-cias. Pida a sus compañeros que le describan qué sucedió en el mejor concierto de rock al que hayan asistido. ¿Qué hizo la gente? ¿Cómo se vistieron? ¿Cómo se peinaron? ¿Qué sucedió antes de y después del concierto? Luego, pida a sus compañeros que describan qué sucedió en el peor concierto de rock al que hayan asistido. Discutan por qué ambas experiencias fueron diferentes.

CAPÍTULO

**5** El ritmo de la vida

# ■ VAMOS A LEER

## 1 Antes de empezar

La inmigración cubana a los Estados Unidos ha sido un suceso importante en la historia contemporánea de este país. Ésta es la historia de Sony, un muchacho que llegó en la segunda gran inmigración cubana en 1980. Antes de leer, tome en cuenta las siguientes recomendaciones:

- Dé Ud. una lectura rápida al texto para tener una idea general de su contenido.

- Luego, revise qué información conoce acerca de la población cubanoamericana en los Estados Unidos.

- Al leer el texto, use el contexto de una palabra que no sepa para adivinar su significado.

- Finalmente, consulte referencias bibliográficas para ampliar sus conocimientos sobre el exilio cubano.

## 2 Sony, el traductor oficial

Sony es un muchacho cubanoamericano de dieciséis años. Actualmente, vive en Miami con sus padres y dos pequeñas hermanas. Cuando llegó a los Estados Unidos en 1980, apenas era un bebé, así que su formación cultural es una combinación de valores hispanos inculcados por su familia y del modo de vida americano en su vida social.

Desde temprana edad, Sony ha sido el traductor oficial de su familia. Sus padres llegaron a los Estados Unidos sin hablar inglés; sólo traían en su vieja maleta las ilusiones de una vida mejor. Por esta razón, cuentan con él para arreglar todos sus problemas cotidianos: desde ir de compras al supermercado, hasta llamar por teléfono al plomero por alguna descompostura en el baño.

Sus padres nunca han estado en un medio donde el dominio del inglés haya sido una exigencia. Por esto, el aprendizaje de la nueva lengua ha sido muy lento. Su papá trabaja en una

tienda de autoservicio donde sus compañeros hablan español y la madre cuida niños en su casa para ayudar con el presupuesto familiar. En el hogar de Sony, el televisor siempre está encendido en sintonía de las cadenas de lengua hispana.

Sony a veces se siente abrumado por la presión de tener que estar al frente de los mil detalles que se presentan diariamente en su casa. Problemas menudos que sus padres no pueden resolver sin su ayuda. Sueña con asistir a la universidad al terminar su escuela secundaria y, cuando obtenga su título, encontrar un buen empleo. Quiere llegar a ganar un buen salario que le permita contratar un maestro de inglés que haga a sus padres autosuficientes en su nuevo país.

Sony, quien es un muchacho muy estudioso y trabajador, reparte sus días entre su escuela y su trabajo de cajero en un restaurante de comida rápida. Seguramente, su fuerza de voluntad lo hará sacar adelante sus mejores proyectos.

| | |
|---|---|
| **inculcar** | enseñar con empeño |
| **descompostura** | desarreglo |
| **exigencia** | demanda |
| **abrumado** | oprimido, agobiado |

## 3 A los detalles

1. ¿La formación cultural de Sony es una combinación de qué culturas?
2. ¿Por qué los padres de Sony cuentan con él para arreglar muchos de sus problemas?
3. ¿Por qué los padres de Sony no han aprendido inglés después de tantos años en los Estados Unidos?
4. ¿Cómo se siente Sony ante las presiones familiares?
5. ¿Qué planes tiene Sony para el futuro?

## 4 Vamos a comprenderlo bien

1. ¿Cuál es la idea central de la lectura?
2. ¿Se siente Ud. identificado con el personaje central? ¿Por qué?
3. ¿Qué haría si enfrentara una situación familiar como la de Sony?
4. ¿Tiene Ud. alguna experiencia como traductor informal que le gustaría contar?
5. ¿Cree que los padres de Sony le exigen demasiado? ¿Por qué?

## 5 Reglas de acentuación: las palabras agudas

Como Ud. aprendió en la sección 5 del capítulo 4, las palabras se clasifican por la sílaba que lleva el énfasis. ¿Recuerda Ud. cuáles son las cuatro clases de palabras? Este capítulo trata de las palabras agudas. Son **agudas** las palabras que llevan la fuerza de la pronunciación en la última sílaba, como en **co**(**mal**).

1. Las palabras en el cuadro son agudas. Todas terminan con una consonante que no sea ni la _____ ni la **s**.

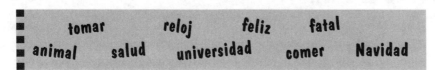

tomar    reloj    feliz    fatal
animal    salud    universidad    comer    Navidad

2. Las palabras en el cuadro abajo son agudas también, pero todas llevan acento escrito.

   Estas palabras terminan con una vocal, una _____ o una _____.

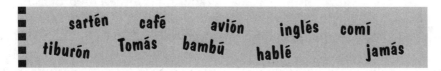

sartén    café    avión    inglés    comí
tiburón    Tomás    bambú    hablé    jamás

3. Las palabras agudas se escriben con acento sólo cuando terminan con
   a. una vocal, una **n** o **s**
   b. una **l, r, d** o **z**
   c. una **n** o **s**
   d. una vocal

4. Basándose en lo que Ud. acaba de aprender sobre las palabras agudas, escriba el acento en el caso que sea necesario.

| carton | amistad | cartel | dormir |
|--------|---------|--------|--------|
| cortes | atras | pared | sillon |
| Jose | cultural | tomar | pronunciacion |
| papel | cancion | frances | juventud |

## 6 Ortografía: las letras *s*, *c* y *z*

La letra **c** en combinaciones **ce** y **ci** la **z** y se pronuncian como la **s**.

1. Ahora busque palabras de la lectura que se escriban con **z** o **c** o **s**. Haga una lista de estas palabras.

| z | s | c |
|---|---|---|
| _____ | _____ | _____ |
| _____ | _____ | _____ |
| _____ | _____ | _____ |
| _____ | _____ | _____ |
| _____ | _____ | _____ |
| _____ | _____ | _____ |
| _____ | _____ | _____ |
| _____ | _____ | _____ |
| _____ | _____ | _____ |

2. ¿Cómo se pronuncian la **c** y la **z** de estas palabras?
3. ¿Cuándo se pronuncia la **c** del español como la **s**? (PISTA: Mire la vocal que sigue a la **c**)
4. ¿Es parecida esta regla a la que Ud. aprendió de la **g** y la **j** en el capítulo 3? Repase esa regla y explique.
5. Piense un momento en las palabras **hace**r y **empezar**. Sabiendo que la c se puede cambiar por la z, ¿cómo se escribirían las varias formas de estos verbos en los siguientes ejemplos?

Marta ya hi_____o su tarea.

Oye Karín, ha_____me el favor de apagar la luz.

Ayer empe_____é a limpiar mi cuarto.

El año pasado Juan empe_____ó a estudiar español.

# ■ VAMOS A ESCRIBIR

7 ¿Cómo analizar un personaje? Revise una vez más la lectura y trate de imaginar cómo se debe sentir Sony. Apunte las palabras o frases que le indican algunos de los sentimientos de Sony. Luego, escriba en media página un breve análisis de Sony como personaje.

### Antes de escribir

• Intente imaginar cómo es Sony.

• ¿Las acciones de Sony muestran qué tipo de persona es?

• ¿Dice Sony cómo se siente?

• ¿Qué cree Ud. que Sony está pensando?

### Escriba su primera versión

- Primero, escriba el nombre del personaje que va a analizar (Sony) y explique por qué cree Ud. que es importante analizarlo.

- Luego, escriba acerca de las cualidades de Sony y las circunstancias que explican su personalidad. Escriba un párrafo nuevo cada vez que hable de otro aspecto de la personalidad de Sony.

- Finalmente, escriba un párrafo conclusivo que resuma los puntos principales de su texto y repita la idea principal.

### Evaluación y revisión

- Recuerde que los aspectos particulares son muy importantes en el perfil de un personaje. Ahora, revise la caracterización que Ud. escribió. ¿Le gusta? ¿Es apropiada? ¿Hace que el análisis parezca real?

- ¿Está completo el retrato de Sony? En caso que no encuentre suficientes elementos en la lectura, Ud. puede añadir más detalles que ayuden a describir la vida interior, las acciones y la apariencia de Sony.

- ¿La conclusión resume los puntos principales y repite la idea principal? Añada una o dos oraciones o vuelva a escribir las oraciones de la conclusión. Escriba la versión final.

## ■ VAMOS A CONOCERNOS

### 8 A escuchar

Escuche las entrevistas del **Panorama cultural** del capítulo 5: "¿Cómo es una semana típica?" y "¿Qué haces los fines de semana?" Ponga atención al vocabulario que usan los entrevistados de Ecuador, Argentina y Venezuela. Luego, haga una lista de las cosas que Ud. hace durante la semana y los fines de semana. Haga las mismas preguntas a tres compañeros. Compare sus respuestas con las de los entrevistados. ¿Las actividades de los estudiantes son similares o distintas? ¿Por qué?

### 9 A pensar

La puntualidad es muy importante en las relaciones personales y de negocios en los Estados Unidos. Llegar tarde a una cita es una falta de respeto y consideración hacia los demás. Si una persona invita a uno o varios amigos a su casa, es muy probable que dé una hora de llegada y otra de salida. Esto no ocurre así en los países hispanohablantes. La puntualidad es apreciada pero las reglas sociales no son estrictas. No se considera grave no ser puntual en una cita social. Además, se consideraría una ofensa dar una hora de salida a los invitados que se reciben en casa.

En media página, escriba tres párrafos en los que responda a las siguientes preguntas: ¿Le gusta ser puntual? ¿Por qué? ¿Qué piensa Ud. de una persona que llega media hora tarde a una cita social? ¿Cree que los horarios estrictos son buenos? ¿Por qué?

## 10 Así lo decimos nosotros

Complete el siguiente cuadro con la palabra inglesa, la variante local o el español internacional. Búsquelas en un diccionario si no puede encontrar la respuesta.

| Palabra inglesa | Variante local | Español internacional |
|---|---|---|
| house | cantón | |
| friend | | amigo |
| | cuitear | renunciar |
| competition | competición | |
| | zapos | zapatos |
| classroom | clecha | |
| yes | | sí |
| truck | troca | |

# ■ VAMOS A CONVERSAR

**11** Forme con un grupo de estudiantes un panel de debate. Pregúnteles si son puntuales a) en una cita social, b) en el trabajo o c) en el colegio. Luego, divida a los estudiantes en dos grupos: los que se consideran y los que no se consideran puntuales. Discutan las ventajas y las deventajas de los horarios estrictos y los horarios flexibles. Insista en preguntar siempre ¿por qué?

## CAPÍTULO 6

# 6 Entre familia

# ▪ VAMOS A LEER

## 1 Antes de empezar

- Repase las ideas que Ud. tenga acerca de la poesía en general. Recuerde que la música popular usa como letra en muchas ocasiones poesía ya escrita.

- Los fragmentos del poema que va a leer a continuación fueron escritos en 1882 por **José Martí** (1853–1895), escritor y libertador cubano. ¿Conoce Ud. la canción cubana "Guantanamera"? La letra proviene de los versos de Martí que Ud. va a leer.

- Fíjese en la estructura del poema. Lea en voz alta las primeras cuatro líneas y ponga atención al sonido final de cada línea.

- Lea todo el texto en voz alta una vez. Vuelva a leer una segunda vez y consulte en el diccionario las palabras que no conozca. No se preocupe si no entiende todo lo que está escrito. Recuerde que la poesía se construye en base a imágenes e impresiones.

- Finalmente, consulte revistas y libros para ampliar sus conocimientos acerca de la poesía en general o de los poemas de José Martí en particular.

## 2 Versos sencillos (selección)

### 1
Yo soy un hombre sincero
De donde crece la palma,
Y antes de morirme quiero
Echar mis versos del alma.

### 2
Yo vengo de todas partes,
Y hacia todas partes voy:
Arte soy entre las artes;
En los montes, monte soy.

### 3
Yo sé los nombres extraños
De las yerbas y las flores,
Y de mortales engaños,
Y de sublimes dolores.

### 4
Todo es hermoso y constante,
Todo es música y razón,
Y todo, como el diamante,
Antes que luz es carbón.

### 5
Con los pobres de la tierra
Quiero yo mi suerte echar:
El arroyo de la sierra
Me complace más que el mar.

### 6
Si ves un monte de espumas,
Es mi verso lo que ves:
Mi verso es un monte, y es
Un abanico de plumas.

### 7
Mi verso es como un puñal
Que por el puño echa flor:
Mi verso es un surtidor
Que da un agua de coral.

### 8
Mi verso es de un verde claro
Y de un carmín encendido:
Mi verso es un ciervo herido
Que busca en el monte amparo.

### 9
Mi verso al valiente agrada:
Mi verso, breve y sincero,
Es del vigor del acero
Con que se funde la espada.

### 10
Yo quiero, cuando me muera,
Sin patria, pero sin amo,
Tener en mi losa un ramo
De flores,—y una bandera!

### 11
Cultivo una rosa blanca,
En julio como en enero,
Para el amigo sincero
Que me da su mano franca.

### 12
Y para el cruel que me arranca
El corazón con que vivo,
Cardo ni oruga cultivo:
Cultivo la rosa blanca.

| **surtidor** fuente de agua que brota verticalmente | **carmín** de color rojo | **ciervo** venado |
| **losa** piedra plana | **cardo** planta espinosa | **oruga** larva de la mariposa |

## 3 A los detalles

1. Busque el verbo "soy" y responda: ¿Cómo se define el poeta?
2. Busque las palabras "mi verso es..." y responda: ¿Cómo es el verso del poeta? Mencione dos definiciones.
3. Lea el cuarteto cinco del poema y responda: ¿Al poeta le gusta más el arroyo o el mar?
4. Lea el cuarteto cuatro del poema. ¿Qué cree Ud. que el poeta quiere decir con la metáfora de la luz y el carbón?
5. En general, ¿qué impresión tiene Ud. del poeta de estos versos después de leer estos fragmentos?

## 4 Vamos a comprenderlo bien

1. ¿Qué quiere hacer el poeta antes de morirse?
2. Lea el cuarteto diez del poema. ¿Cree Ud. que el poeta quiere patria y libertad?
3. Lea los cuartetos dos y tres del poema. ¿Cree Ud. que el poeta tiene mucha o poca experiencia en la vida?
4. Lea los cuartetos 11 y 12 del poema. ¿Qué recibe el amigo? ¿Y el enemigo? ¿Qué cree usted que significa la rosa blanca?

## 5 Reglas de acentuación: las palabras esdrújulas

Como Ud. aprendió en la sección 5 del capítulo 4, las palabras se clasifican por la sílaba que lleva el énfasis. En este capítulo Ud. va a aprender de las palabras esdrújulas. Son **esdrújulas** las palabras que llevan la fuerza de la pronunciación en la antepenúltima sílaba, o sea, la sílaba antes de la penúltima: (mú) si ca.

1. Las palabras en el cuadro son esdrújulas. Todas llevan el énfasis en la _____ sílaba.

| | | | | | |
|---|---|---|---|---|---|
| sábado | escribírmelo | Los Ángeles | líquido | tráfico | siéntate |
| rápido | jóvenes | dármelo | esdrújula | limpiándolo | |

2. Las palabras esdrújulas se escriben con un acento
   a. sólo cuando terminan con una vocal, una **n** o **s**
   b. siempre
   c. sólo cuando terminan con una **l**, **r**, **d** o **z**

3. Basándose en lo que Ud. acaba de aprender sobre las palabras esdrújulas, escriba el acento en el caso que sea necesario.

| | | | |
|---|---|---|---|
| oceano | America | faciles | haciendolo |
| imagenes | damelo | capitulo | silaba |
| autenticos | telefono | camara | vamonos |
| espiritu | enfasis | llamame | maquina |

# 6 Ortografía: las letras *r* y *rr*

En español la **r** y la **rr** tienen sonidos distintos.

**i** Entre vocales la **r** tiene un sonido breve y corto y la **rr** tiene un sonido más largo:

Quiero un **perro pero** mis padres no quieren regalarme uno.

Nuestro **carro** es muy **caro**.

El hombre **enterado** sabe quién está **enterrado** en la tumba de Grant.

**ii** Después de una **n**, **s**, o **l** la **r** tiene un sonido largo como la **rr**:

**Alrededor** de la mesa, **Enrique** habla de su viaje a **Israel** con Ramón.

**iii** Antes de una consonante, la **r** tiene un sonido largo:

**artes marciales, perla, armas**

**iv** Al principio o al final de una palabra la **r** tiene un sonido largo como la **rr**.

El **risueño río Guadalquivir** se **ríe** al **regar** los campos.

1. Lea Ud. el poema otra vez y haga una lista de cinco palabras que se escriben con una **r** sencilla o con una doble **rr**.

| Palabras con una *r* | Palabras con una *rr* |
|---|---|
| _____ | _____ |
| _____ | _____ |
| _____ | _____ |
| _____ | _____ |
| _____ | _____ |

2. De las palabras arriba mencionadas que se escriben con una **r** sencilla, ¿cuáles se pronuncian como la **rr** doble? Por cada palabra escoja la regla **ii** o **iii** que explique esta pronunciación.

| Palabra | Regla |
|---|---|
| _____ | _____ |
| _____ | _____ |
| _____ | _____ |
| _____ | _____ |

## VAMOS A ESCRIBIR

**7** ¿Cómo escribir un poema descriptivo? En el capítulo 4, Ud. aprendió cómo escribir una descripción. Ud. puede crear un retrato poético con detalles sensoriales, palabras precisas y figuras del lenguaje.

### Antes de escribir
- Escoja una escena de la naturaleza que Ud. pueda observar, recordar o imaginar claramente.
- Visualice el objeto y anote detalles sensoriales que lo describan.
- Piense en comparaciones.

### Escriba su primera versión
- Mientras escribe su poema, escuche los sonidos de las palabras así como sus significados.
- Juegue con las palabras y experimente con nuevos sonidos.
- Decida cómo organizar su poema en la página.
- Si Ud. quiere, puede hacer un dibujo de cómo se verá su poema.

### Evaluación y revisión
- Lea su poema a un compañero o compañera de clase y decida si su descripción captura el sentido de lo que Ud. quería expresar.
- ¿El poema que Ud. escribió tiene suficientes detalles visuales, auditivos y táctiles?
- Corrija la ortografía, la puntuación y el uso de mayúsculas antes de que escriba la versión final.

## VAMOS A CONOCERNOS

### 8 A escuchar

Escuche las entrevistas del **Panorama cultural** del capítulo 6. "¿Cuántas personas hay en tu familia?" Ponga atención al modo en que los hablantes de España, Ecuador y Texas pronuncian la letra **r**. Fíjese particularmente en la pronunciación de palabras como **recoger, recojo** y **perro**. En caso de que la pronunciación de la **r** sea difícil, practique con sus compañeros palabras como **rosa** y **ferrocarril**. Luego pregunte a tres compañeros de clase si ellos ayudan a recoger en su casa.

### 9 A pensar

La figura de los abuelos en los países de habla hispana es fundamental en el funcionamiento de las familias. Las razones de esto son económicas y culturales. Los abuelos generalmente viven en la misma casa de los hijos y ayudan en el cuidado de los nietos o con las labores del hogar. A menudo los abuelos todavía trabajan y aportan dinero a la economía familiar. Es inusual que los abuelos vivan en casas de retiro. De hecho, la mayoría de las familias de países de habla hispana piensan que los ancianos no deben vivir en lugares de retiro siempre y cuando tengan familiares que los puedan atender. ¿Qué piensa Ud.? ¿Tiene abuelos que viven con su familia?

## 10 Así lo decimos nosotros

Complete el siguiente cuadro con la palabra inglesa, la variante local o el español internacional. Búsquelas en un diccionario si no puede encontrar la respuesta.

| Palabra inglesa | Variante local | Español internacional |
|---|---|---|
| by chance | de chiripada | |
| | dar un raite | llevar alguien en carro |
| let's go | hórale | |
| real good | | estupendo |
| car | carcacha | |
| I will fall | caidré | |
| | pichionar | besar |
| truth | beldá | |
| I will want | quedré | |
| brakes | brecas | |

# ■ VAMOS A CONVERSAR

**11** Forme con un grupo de estudiantes un panel de debate. Pregúntense qué piensan de las casas de retiro para los ancianos. Luego pregúntense si sus abuelos todavía viven y si la familia se encarga de cuidarlos o si viven en una casa de retiro. Divídanse en dos grupos. El primer grupo debe argumentar en defensa de los lugares de retiro para los ancianos y explicar todas las ventajas. El segundo grupo debe argumentar a favor de mantener a los ancianos con la familia y explicar todas las ventajas.

**CAPÍTULO**

# 7

# ¿Qué te gustaría hacer?

## ■ VAMOS A LEER

### 1 Antes de empezar

- Como primer paso, piense Ud. en cómo es una semana ordinaria. ¿A qué hora se levanta y se acuesta? ¿Qué hace entre semana? ¿Qué hace los fines de semana?

- Luego, dé una lectura rápida a "Los días adolescentes de Linda".

- Ahora, fíjese en las partes del texto que indican tiempo, como la hora o los días de la semana. Ellas le ayudarán a comprender mejor la lectura.

- Finalmente, lea con atención la parte final del texto y piense en qué metas quiere Ud. alcanzar.

### 2 Los días adolescentes de Linda

Linda es una joven de origen ecuatoriano que asiste a la secundaria en Albuquerque, Nuevo México. Diariamente se levanta a las seis de la mañana para ayudar a sus padres a enviar a sus tres hermanos menores a la escuela. A las 7:15, cuando sus hermanitos ya están en la parada del autobús escolar, Linda desayuna y se arregla. A las 8:30 una vecina, también estudiante de la secundaria, pasa por ella para ir a la escuela. Antes de salir, Linda tiene que cerrar muy bien la puerta, ya que sus padres salen a trabajar a las 7:30 y la casa se queda sola.

Linda asiste a clases de nueve de la mañana a cuatro de la tarde. La clase que más le gusta es la de estudios sociales. Linda también escribe en el periódico de su escuela un artículo por mes. Al mediodía, generalmente, sale a comer con sus amigas a algún restaurante de comida rápida, ya que el menú de la cafetería frecuentemente no le gusta.

Los lunes, miércoles y viernes Linda trabaja de cinco de la tarde a diez de la noche como cajera en un supermercado cercano a su casa. Esos días apenas tiene tiempo de comer algo en casa, cambiarse de ropa e irse en su bicicleta al trabajo. Las tardes de los martes y jueves va a la biblioteca de su barrio y trata de avanzar en sus tareas escolares, ya que las noches que llega a casa después de trabajar no se siente con energías para estudiar. A veces, sólo tiene tiem-

po de hablar por teléfono con alguna amiga y en seguida irse a la cama a descansar.

Los sábados por la mañana, Linda limpia la casa junto con su madre y su hermana de 11 años. Después de arreglar el cuarto que comparte con su hermana, Linda guarda la ropa limpia en la cómoda y el ropero y lava el baño. Su mamá lava la ropa de toda la familia y limpia la cocina. Su papá y sus hermanitos se ocupan del cuidado del jardín, del mantenimiento de la casa y de verificar que los automóviles estén en perfectas condiciones. Algunas veces, Linda sale de compras con sus papás.

El sábado en la tarde, Linda hace parte de la tarea escolar y al anochecer sale al cine o a alguna fiesta con sus amigas. Tiene que regresar a casa antes de las 11 de la noche.

Los domingos, Linda va con su familia a misa de diez y luego a almorzar en algún restaurante. La familia acostumbra alquilar una película y pasar juntos la tarde del domingo. Linda ve televisión con la familia, habla por teléfono con alguna amiga y arregla sus cosas para el día siguiente.

Linda ve el futuro con optimismo. Ella está entre los diez primeros lugares de su grupo, lo que le garantiza la entrada a la universidad sin grandes problemas. A Linda le gustaría estudiar pedagogía para llegar a ser maestra. Ir a la universidad es su meta anhelada, ya que

**CAPÍTULO 7**

ella será la primera mujer universitaria en su familia.

Aunque todavía le faltan dos años para entrar a la universidad, Linda tiene planeado inscribirse en un curso que ofrece el colegio comunitario para orientar a los estudiantes sobre su ingreso a la universidad. Linda llegará a ser una maestra ejemplar debido a su entusiasmo y fuerza de voluntad. Ella quiere encontrar un empleo en una escuela primaria de su distrito escolar. Le gustaría educar a niños de origen hispano y ayudarlos a superarse. Linda es además idealista y tenaz. ¡Una combinación perfecta para alcanzar sus metas!

| | |
|---|---|
| **anhelada** | deseada |
| **ingreso** | entrada |
| **superarse** | mejorarse |

## 3 A los detalles

1. ¿A qué hora se arregla Linda?
2. ¿Quién es la última persona que sale de la casa por la mañana?
3. ¿Qué clase le gusta más a Linda?
4. ¿Qué horario de trabajo tiene Linda?
5. ¿Qué carrera le gustaría estudiar a Linda?

## 4 Vamos a comprenderlo bien

1. ¿Por qué Linda sale a comer con sus amigas a un restaurante de comida rápida?
2. ¿Por qué cree Ud. que a Linda le gustaría dar clases a estudiantes hispanos?
3. ¿Cree Ud. que es adecuada la distribución de tareas en el hogar de Linda los fines de semana?
4. Linda va a ser la primera mujer de su familia en ir a la universidad. ¿Qué piensa Ud. de ello? ¿Conoce Ud. a alguien que esté en la misma situación de Linda?
5. ¿Cree Ud. que ser idealista y tenaz es positivo? ¿Por qué?

## 5 Reglas de acentuación: las palabras sobresdrújulas

En este capítulo Ud. va a aprender de las palabras sobresdrújulas. Son **sobresdrújulas** las palabras que llevan la fuerza de la pronunciación en alguna sílaba anterior a la antepenúltima: **per(dó)na me lo**.

1. Las palabras en el cuadro son sobresdrújulas. Todas llevan el énfasis en alguna sílaba

   _____ a la antepenúltima sílaba.

   > perdónamelo     declarándoseles
   > dígamelo    búsquemela    diciéndotelo

2. ¿Cuándo se escriben las palabras sobresdrújulas sin acento?
   a. sólo cuando terminan con una **l, r, d** o **z**
   b. sólo cuando terminan con una vocal, una **n** o **s**
   c. nunca

Igual que las esdrújulas, las sobresdrújulas se escriben siempre con acento.

3. Basándose en lo que Ud. acaba de aprender sobre las palabras sobresdrújulas, escriba el acento en el caso que sea necesario.

   | | | | |
   |---|---|---|---|
   | avisamelo | diciendoselo | compramelas | dandonosla |
   | quiteselo | arreglandonoslas | pasandosela | aprendetelo |

## 6 Ortografía: las letras *l*, *ll* e *y*

- La l sencilla suena siempre como la l de *luna*.

    lotería    lana    película    española    luna

- Pero el sonido de la doble ll es diferente y además varía en las diversas regiones de habla española. En la mayoría de los países hispanos se le pronuncia como la consonante y.

    calle    Yolanda    llevar    yema    llave    lluvia

- En algunas regiones la doble ll tiene un sonido parecido al de la *j* de la palabra *jam* o de la *s* en la palabra *pleasure* en inglés.

- En cuanto a la ortografía, la doble ll presenta un problema porque, como tiene el mismo sonido, fácilmente se confunde con la y.

- Lea Ud. las palabras siguientes y fíjese en cómo se escriben.

    villa    haya    orilla    atribuye    arroyo    cayeron    bolillo    joyero
    bombilla    creyeron    vaya    brillante    tortilla    mayo    coyote

1. Complete las siguientes oraciones con las formas verbales correspondientes. Todas las acciones ya ocurrieron.

    1. Juan _____ mi cuento. (leer)

    2. Yo nunca _____ lugar para estacionar mi coche. (hallar)

    3. Mis compañeros no _____ ayer en clase. (callarse)

    4. Mi primo _____ su coche ayer en un accidente. (estrellar)

    5. Él _____ en la campaña de la Cruz Roja. (contribuir)

2. Escriba la conjugación de los siguientes verbos en la tercera persona del pretérito tal como se indica en el modelo. La forma del verbo corresponde a *él* o *ella*.

    MODELO    oír    oyó

    1. poseer    _____

    2. fallar    _____

    3. huir    _____

    4. sustituir    _____

    5. atribuir    _____

    6. callar    _____

    7. caerse    _____

# ■ VAMOS A ESCRIBIR

**7** ¿Cómo escribir un relato? ¿Cuándo y en dónde encuentra Ud. una idea para un cuento? ¡En cualquier momento y en todas partes! Las ideas las puede Ud. obtener de su vida cotidiana, de revistas o de fotografías.

### Antes de escribir

- La mejor manera de lograr que sus personajes parezcan reales es mediante el uso de detalles.

- Imagine los detalles o tómelos de personas reales.

- Incluya descripciones acerca de cómo son sus personajes, cuál es su personalidad, qué les gusta y qué no, y qué edad tienen.

- Agregue ciertos elementos de conflicto. Esto ayuda a su lector a mantener la atención.

- Haga un esquema de su relato que incluya: introducción, conflicto y desenlace.

### Escriba su primera versión

- Un buen comienzo del relato atrapa la atención de su lector. Puede Ud. comenzar en medio de una acción o describiendo una escena para crear un estado de ánimo.

- Asegúrese de que las acciones sean específicas, usen diálogos y creen suspenso.

- Hacia la mitad del relato, cree algo sorpresivo y comience a desarrollar el conflicto.

- Después del conflicto asegúrese de que su desenlace sea coherente. Resuelva el conflicto y ate todos los cabos sueltos.

### Evaluación y revisión

- Lea el relato como si Ud. fuera un crítico y evalúe sus aciertos y errores.

- ¿El inicio llama la atención del lector? ¿Hay un elemento de conflicto o suspenso? ¿Hay suficientes diálogos o monólogos naturales?

- Haga Ud. que un compañero o compañera de clase lea su relato e intercambien ideas y sugerencias para mejorarlo.

# ■ VAMOS A CONOCERNOS

## 8 A escuchar

Escuche las entrevistas del **Panorama cultural** del capítulo 7: "¿Qué haces para conocer a una persona?" Ponga Ud. atención en cómo los entrevistados de Ecuador, Costa Rica y España pronuncian las letras **l, ll** e **y**. ¿Nota Ud. alguna diferencia? Explique. Luego, pregunte Ud. a otros tres compañeros o compañeras qué hacen ellos para conocer a una persona. Compare sus respuestas con las de los entrevistados en el video.

## 9 A pensar

Asistir a la universidad es cada vez más común entre los jóvenes de países latinoamericanos. Algunos de estos países tienen una larga tradición de escuelas universitarias. Por ejemplo, la Universidad Nacional Autónoma de México es la universidad más antigua de las Américas. No obstante, muchos jóvenes, como Linda en la lectura de este capítulo, tienen padres que no han asistido a la universidad: son la primera generación de universitarios en su familia. Este hecho es motivo de orgullo entre todos los miembros de la familia, pero también representa una gran presión familiar y social. ¿Qué tipo de presiones familiares y sociales cree Ud. que tienen estos estudiantes en comparación con los estudiantes que tienen padres universitarios? ¿Tiene Ud. amigos que planeen ir a la universidad? Pregúnteles su opinión al respecto.

## 10 Así lo decimos nosotros

Complete el siguiente cuadro con la palabra inglesa, la variante local o el español internacional. Búsquelas en un diccionario si no puede encontrar la respuesta. ¿Cuáles son las palabras que se escriben con la ll? ¿Con la y?

| Palabra inglesa | Variante local | Español internacional |
|---|---|---|
| | chiquío | chiquillo |
| bread roll | | bolillo |
| to read | leyer | |
| apron | delantar | |
| to hear | | oír |
| had | haiga | |
| to spell | | deletrear |
| to eat lunch | lonchar | |

# ■ VAMOS A CONVERSAR

## 11

Forme con un grupo de estudiantes un panel de debate. Discutan acerca de sus planes de asistir a la universidad o de seguir estudios técnicos. Pregúntense qué les gustaría estudiar y por qué. Pregúntense también si sus padres han asistido a la universidad y qué profesiones estudiaron. Finalmente, discutan las ventajas y desventajas de ser la primera generación en la universidad, especialmente en el caso de las mujeres. Comparen sus respuestas.

# ■ VAMOS A LEER

## 1 Antes de empezar

La inmigración latinoamericana hacia los Estados Unidos tuvo un momento de gran flujo en la década de los años ochenta. Las crisis económicas y los problemas políticos obligaron a muchos ciudadanos de esos países a venir aquí buscando mejores condiciones de vida. El siguiente texto nos habla de las impresiones de un niño que vino a vivir a los Estados Unidos huyendo de la pobreza en su país de origen. Antes de leer, recapacite en las siguientes cuestiones:

• Como primer paso, revise Ud. sus conocimientos acerca de los movimientos de inmigración a los Estados Unidos.

• Luego, piense en qué personas conoce Ud. cuyas familias hayan emigrado a los Estados Unidos. Repase los pormenores o pregunte a sus amigos por experiencias particulares.

• Lea el texto de una manera rápida. Ponga atención al proceso de hechos que culminaron con la reunión de la familia en el nuevo país.

• Vuelva a leer el texto y consulte en un diccionario las palabras que no conozca.

• Una vez que haya revisado la información y que ya maneje el tema proceda a la lectura.

## 2 El largo camino hacia una vida mejor

Esa noche, después de la cena, papá nos dijo: salgo esta madrugada, voy a tratar de abrirme paso y luego mando por ustedes. A los mayores: Luisa, de 15, Carlos, de 14 y yo de 13; nos dijo que íbamos a ser el apoyo de mamá, que teníamos que hacernos cargo de la situación y meter el hombro hasta que mandara por nosotros. Yo nomás me acuerdo que esa noche lloré mucho y maldije nuestra miseria que hacía que papá se fuera lejos de casa.

Cuando se marchó, al salir de la escuela mis hermanos y yo nos íbamos a trabajar en los barrios residenciales. Tocábamos puertas y nos ofrecíamos para limpiar y barrer el frente de las casas, regar los jardines, lavar los autos, limpiar zapatos, en fin, para lo que nos necesitaran. Gracias a Dios, siempre sacábamos algo para ayudarle a mamá con la comida de los tres hermanos chicos.

Pasaron dos meses hasta que llegó el primer giro de papá. Había encontrado un trabajo de ayudante de cocina en un restaurante japonés. Mi querido papá cambió su trabajo de maestro de primaria por el de lavaplatos sin pensarlo dos veces. Él nunca se ha arredrado ante cualquier clase de trabajo. En ese tiempo su fijación era mandar por nosotros.

A los seis meses encontró otro trabajo como repartidor de periódico. Se tenía que levantar diariamente a las tres de la mañana. Nos escribía que como en el restaurante trabajaba de once de la mañana a once de la noche tenía que dormir en cachitos: de 11:30 p.m. a 2:30 a.m. y de 6:30 a 10:30 a.m. El dinero que ganaba en el periódico lo ahorraba para saldar los gastos de nuestros pasaportes y nuestro viaje. A mí me dolía no estar ahí con él para ayudarlo con esas jornadas tan pesadas. Él nos decía que no se cansaba; la sola ilusión (que se le cumplió) de que pasáramos juntos la Navidad, le daba fuerzas para seguir luchando.

Cuando al fin llegamos a su pequeño apartamento, para mí fue como un sueño. Nada más quería estar abrazando a papá. Mi familia estaba junta otra vez. Ésa fue la Navidad más linda que he pasado. Todo el nerviosismo de los trámites en el consulado y en la frontera había quedado atrás, como en una pesadilla.

Luego vino el proceso de adaptación, que para mí ha sido bastante complicado. Como desconozco el inglés, me siento a veces como sumido en un mundo irreal. Toda la seguridad que tenía en mí mismo ha desaparecido. Es como si todo lo que había aprendido antes no me sirviera ahora de nada. En la escuela hay programas para gente que, como yo, no habla inglés, y la gente es bastante amable y paciente con mis deficiencias. Pero no sé qué pasa conmigo, toda mi confianza ha desaparecido, me aterra abrir la boca. La sola idea de practicar un

poco la nueva lengua me llena de vergüenza. Se me hace que todos se van a reír de mí. A veces tengo la impresión que los otros muchachos, que dominan bien el inglés, piensan que soy un retrasado mental. Ni quisiera pararme en la escuela. Cosa que le para los cabellos de punta a papá quien, maestro al fin, es un fervoroso creyente de los beneficios de la educación.

Yo nomás me la paso en la cuesta del tango, extraño mi gente, mis cuates del barrio. Nunca creí que iba a llegar a sentir tanta nostalgia por Gabriela, los días que la acompañaba al salir de la escuela. Su mano entre las mías. Añoro mi vieja escuela, que con todo y estar bien descuidada, guarda los recuerdos de mi niñez. Anhelo la comida de mis tías. Cómo quisiera que mi familia nunca hubiera salido de mi país.

---

**arredrarse** atemorizarse
**añorar** recordar con pena la ausencia de una persona o cosa
**en la cuesta del tango** en un estado emocional depresivo

---

## 3 A los detalles

1. ¿Qué les dijo el padre a sus tres hijos mayores antes de partir a los Estados Unidos?
2. ¿Qué trabajo tenía el padre en el país de origen y qué trabajos consiguió en los EE.UU.?
3. ¿Cómo se sintió el narrador de la historia cuando finalmente llegó al pequeño apartamento de su papá?
4. ¿Cómo ha sido el proceso de adaptación del personaje central a su nueva realidad?
5. ¿Cuál ha sido la reacción emocional del personaje central ante la dificultad de integrarse fácilmente a su nuevo medio?

## 4 Vamos a comprenderlo bien

1. Cuando el padre salió de su hogar pidió a los hijos mayores que ayudaran en el mantenimiento de la familia. Como se señala en el texto, los hijos mayores son en realidad menores de edad. ¿Cuál es su opinión sobre el trabajo infantil?
2. ¿Considera usted que están justificadas las razones que motivan a muchos ciudadanos de otros países a emigrar a países desarrollados?
3. ¿Cuál es su posición personal sobre la problemática de la inmigración?
4. ¿Considera que el espíritu de esta nación de inmigrantes ha cambiado?
5. ¿Qué piensa sobre la educación bilingüe?

## 5 Reglas de acentuación: el hiato

1. El **hiato** es la separación de dos vocales contiguas en dos sílabas. Las letras subrayadas representan el hiato en las siguientes palabras.

po<u>e</u>ta     c<u>oo</u>perar     pr<u>oa</u>

p<u>eo</u>r     cer<u>ea</u>l     c<u>ae</u>r     l<u>ee</u>r

Las vocales que forman los hiatos en el cuadro son la _____, la _____ y la _____.

CAPÍTULO 8

**2.** Subraye Ud. el hiato en cada palabra.

| | | | | |
|---|---|---|---|---|
| realidad | Mateo | correo | roer | cae |
| creas | rodeo | traer | canoa | creer |
| feo | trae | Beatriz | sea | leo |

**3.** Escriba Ud. la lista del número 2 arriba y ponga una diagonal para indicar la división de cada palabra en sílabas. Por ejemplo, **re/a/li/dad**.

_____

_____

_____

_____

# 6 Ortografía: las letras *k, qu* y *c*

• Aunque la letra **k** no es originalmente del alfabeto español, sí se encuentra en el diccionario. Se usa en su mayor parte para escribir palabras aportadas por otros idiomas.

> **k**ilo    **k**indergarden    **k**erosén    **k**iosko    Nueva Yor**k**

• El sonido **k** normalmente se escribe de dos modos diferentes: con **c** cuando le sigue una consonante o una de las vocales **a**, **o**, **u**; y con **qu** cuando le sigue una **e** o **i**. La **u** de **qu** no se pronuncia.

> **c**liente    **cr**onológico    **c**asa    **c**osa    **cu**caracha    en**c**antado    fal**c**ón
> ridí**c**ulo    **cr**eer    **Cr**istina    **qu**erida    a**qu**el    **qu**eso    **Qu**intana Roo    **qu**ise

**1.** Basándose en el modelo, escriba el tiempo pasado de los siguientes verbos.

MODELO    rascar    (yo)    rasqué
            rascar    (él)    rascó

**1.** sacar    (yo)  _____

**2.** mascar    (él)  _____

**3.** buscar    (yo)  _____

**4.** picar    (yo)  _____

**5.** pescar    (él)  _____

**2.** Complete las siguientes oraciones con la forma verbal correspondiente en el pretérito.

**1.** El cocinero lloró mucho porque _____ las cebollas rápidamente. (picar)

**2.** Mi papá _____ en la orquesta por 20 años. (tocar)

**3.** Juan _____ mucho en el pasado pero ahora está arrepentido. (pecar)

**4.** Ayer fui de pesca, pero no _____ nada. (pescar)

CAPÍTULO 8

# ■ VAMOS A ESCRIBIR

**7** ¿Cómo escribir en un diario? Cierto tipo de escritura expresiva está hecha para compartir, mientras que otro tipo de escritura está hecha sólo para el escritor. La lectura de este capítulo puede darle a Ud. la inspiración necesaria para que exprese sus pensamientos y sentimientos en forma escrita.

## Antes de escribir

• Ud. puede escribir acerca de cualquier cosa en su diario. Puede escribir sobre algo interesante, alguien en particular o algo que tiene impacto en su vida.

• No se preocupe en escribir algo perfecto y pulido que vaya a ser expuesto a todos. Esto es para Ud.

• Escriba Ud. para explorar qué piensa, qué siente, qué recuerda.

## Escriba su primera versión

• Escriba sobre un día en su diario. El texto puede ser tan largo o tan corto como Ud. lo desee. Intente escribir con las menores interrupciones posibles.

• Una vez que ya haya terminado de escribir, reléalo y piense acerca de lo que ha escrito. Escriba sobre cualquier pensamiento, sentimiento o información adicional que haya dejado fuera.

• Recuerde que está escribiendo un diario acerca de Ud. mismo.

## Evaluación y revisión

• Vuelva a leer su texto. ¿Encontró algo nuevo acerca de sí mismo(a) o de otra persona?

• ¿Se siente a gusto con este tipo de lectura? ¿Lo inspira a Ud. a ser más creativo o creativa?

• Siéntase libre de decorar su diario con ilustraciones y fotografías tomadas de revistas u otras fuentes.

• Guarde lo que ha escrito para leerlo nuevamente cuando sea mayor. Es divertido e interesante ver cómo uno cambia con el transcurso del tiempo.

# ■ VAMOS A CONOCERNOS

## 8 A escuchar

Escuche las entrevistas del **Panorama cultural** del capítulo 8. "¿Cuál es un plato típico de tu país?" Ponga atención en las palabras con el sonido **k** usadas por los entrevistados de la Florida, Venezuela y Ecuador. Luego, entreviste Ud. a tres estudiantes de su grupo y pregúnteles si conocen algún plato típico de la ciudad o región donde viven ahora, o de su ciudad o región de origen. Comparen sus respuestas.

CAPÍTULO 8

## 9 A pensar

La salsa no es sólo un ritmo musical del Caribe, también es uno de los complementos de la mesa más populares en los Estados Unidos. La salsa tiene cada día más aceptación en la dieta estadounidense. Mientras las ventas de cátsup están estancadas, las ventas de salsas en los supermercados y en los restaurantes están creciendo constantemente. En general, el nombre **salsa** se refiere a cualquier sustancia líquida o pastosa que acompaña a los guisos. En particular, se refiere a la combinación de tomate (verde o rojo), chile, cebolla, cilantro y especias. Existe una enorme variedad de salsas y quizá su éxito se deba a que permite la constante innovación en la manera de prepararse y en el uso de ingredientes.

En una página, escriba Ud. una receta para cocinar una salsa. Si no conoce ninguna, invéntela.

## 10 Así lo decimos nosotros

Complete el siguiente cuadro con la palabra inglesa, la variante local o el español internacional. Búsquelas en un diccionario si no puede encontrar la respuesta.

| Palabra inglesa | Variante local | Español internacional |
|---|---|---|
| | croque sí | creo que sí |
| fireworks | cuetes | |
| brain | | cerebro |
| science | | ciencia |
| chance | chanza | |
| | crismas | Navidad |
| to crack | craquiar | |
| | chainear | dar brillo/lustre |

# ■ VAMOS A CONVERSAR

**11** Forme con un grupo de estudiantes un panel de debate. Intercambien ideas acerca de los orígenes de sus familias. Luego, discutan las características de una sociedad multicultural. Recuerde Ud. que la mayoría de los países hispanohablantes son multiculturales. ¿Creen ustedes que algunos países son más multiculturales que otros? ¿Cómo se compara Estados Unidos con los países hispanohablantes en cuanto a este aspecto?

## CAPÍTULO 9  ¡Vamos de compras!

# ■ VAMOS A LEER

## 1 Antes de empezar

- Como primer paso, revise Ud. qué conocimientos tiene acerca de las personas que hablan dos o más lenguas desde niños. Quizá Ud. creció en un ambiente en el que tenía que hablar dos lenguas. Recuerde sus experiencias personales.

- Luego, dé Ud. una lectura rápida a "La ventaja de ser bilingüe". Ponga atención a los párrafos en los cuales aparecen números y porcentajes. Reflexione acerca del papel de los números en el texto.

- Vuelva a leer el texto, pero ahora ponga atención a las partes que están entre comillas. Recuerde que las comillas sirven para citar lo que dicen otras personas. Reflexione también acerca del uso de las comillas en el texto.

- Finalmente, Ud. puede consultar libros, revistas o artículos de periódicos acerca del bilingüismo.

## 2 La ventaja de ser bilingüe

Los prejuicios contra las personas que hablan dos lenguas (bilingües) se remontan a principios del siglo veinte, cuando investigaciones lingüísticas mal formuladas decían que los niños que hablaban una sola lengua (monolingües) eran superiores académicamente a los niños bilingües. Estas investigaciones fueron hechas en inglés con niños inmigrantes que no dominaban todavía esa lengua. Los resultados, obviamente, reflejaron una negativa evaluación de las habilidades de los niños bilingües.

Estudios recientes contradicen las investigaciones realizadas a principios del siglo veinte. Naomi S. Baron, catedrática de la Universidad Americana en Washington, encontró que "los niños que hablan más de una lengua son significativamente mejores al resolver problemas, ya que los analizan desde más de una perspectiva, comparados con los niños que son monolingües".

El bilingüismo es cada vez más importante en la sociedad estadounidense debido a la creciente globalización económica.

Según el censo de 1990, casi 32 millones de estadounidenses usan el inglés como segunda lengua, un aumento de 30 por ciento en comparación con el censo de 1980. La mitad de esos 32 millones hablan el español como lengua materna.

En algunos estados de la unión el número de personas que hablan otra lengua diferente del inglés en el hogar es bastante alto: 36 por ciento de los habitantes de Nuevo México hablan una lengua diferente del inglés en el hogar, 32 por ciento en California, 25 por ciento en Texas y Hawaii, y 23 por ciento en Nueva York.

Los hijos de padres hispanohablantes tienen el privilegio natural de acceso a dos lenguas desde niños. Esta ventaja se puede traducir en una prerrogativa de avance intelectual y en un mayor ingreso económico. No hay que olvidar el dicho popular que declara: "El hombre bilingüe vale por dos".

¡Y no es para menos! Unas 300 millones de personas en el mundo hablan español. Los hispanohablantes de los Estados Unidos son una parte importante de esta población de habla hispana. Ellos pueden servir como puente de unión entre los países de habla hispana y los Estados Unidos en todos los ámbitos: comercial, político y cultural. El español es actualmente la segunda lengua nacional de los Estados Unidos, y puede servir para fortalecer la unión de los hispanohablantes del país.

La ventaja de ser una persona bilingüe es cada vez más valiosa con la internacionalización de la economía y el sistema de libre comercio con los países latinoamericanos. Los hispanohablantes de los Estados Unidos que están orgullosos de su identidad cultural y aman y respetan las otras culturas nacionales, están preparados para enfrentar el porvenir.

| | |
|---|---|
| **remontar** | trasladarse, en sentido figurado; volver |
| **prerrogativa** | privilegio, ventaja |

## 3 A los detalles

1. ¿Qué decían de las personas bilingües las investigaciones a principios del siglo veinte?
2. ¿Por qué los niños bilingües son más hábiles en resolver problemas?
3. ¿Qué porcentaje de los habitantes de California hablan una lengua que no sea inglés?
4. ¿Cuántos millones de personas hablan español en el mundo?
5. ¿En qué porcentaje aumentó el número de personas que hablan otra lengua en el hogar entre 1980 y 1990?

## 4 Vamos a comprenderlo bien

1. Defina Ud. qué es una persona bilingüe.
2. ¿Quién es Naomi S. Baron?
3. ¿Por qué cree Ud. que hay personas que se oponen al bilingüismo?
4. ¿Cree Ud. que los hispanohablantes pueden servir como un punto de unión entre los países de habla hispana y los Estados Unidos? ¿Por qué?
5. ¿Cree Ud. que el biculturalismo es más importante que el bilingüismo? ¿Por qué?

## 5 Reglas de acentuación: el diptongo

La i y la u se consideran vocales débiles, mientras la a, la e y la o son fuertes. Un diptongo es la unión de dos vocales débiles, o una fuerte y una débil, para formar una sola sílaba. Las letras subrayadas en las siguientes palabras representan los diptongos.

**Fuertes:** A E O
**Débiles:** I U

veinte   pie   oiga   patio   escuela   antiguo   deuda   jaula   hueso
aire   ciudad   juego   agua   auto   ruido   limpia   guapo   viuda   tiempo

1. Use los ejemplos de arriba para rellenar los espacios con los diptongos. Algunos ya están hechos.

| A | E | I | O | U |
|---|---|---|---|---|
| ai | | | | ua |
| | | | | |
| | | iu | | |

2. Las siguientes palabras llevan un acento sobre la i o la _____.

país   mío   grúa   púa   sonreír
frío   caída   oído   decíamos   hacía   baúl

3. Pronuncie Ud. los siguientes pares de palabras en voz baja. ¿Qué nota Ud. de las diferencias entre las letras subrayadas en cada par? ¿Cuántas sílabas hay en cada caso?

| | |
|---|---|
| un **oí**do | yo **oi**go |
| él lo hac**ía** | hac**ia** el oeste |
| me lo ha tr**aí**do | yo tr**ai**go |
| la gr**úa** | es g**ua**pa |
| yo contin**úo** | amor contin**uo** |
| env**íe**lo ahora | c**ie**lo azul |
| el d**ía** | d**ia**rio |
| el r**ío** | Rosar**io** |

4. El acento escrito indica que una **i** o una **u** no forma un diptongo con la otra vocal. Las vocales se separan en _____ sílaba(s). Cuando no hay _____ sobre la **i** o la **u**, las letras subrayadas forman una sola sílaba.

5. Pronuncie Ud. las siguientes palabras y escriba el acento siempre y cuando sea necesario que las dos vocales se separen en dos sílabas. La primera ya está hecha.

| | | | |
|---|---|---|---|
| día | ataud | vacio | Maria |
| nadie | no te ries | tiempo | rio |
| poesia | mio | Raul | causa |
| gracias | ruido | aula | ponia |

## 6 Ortografía: las letras *m*, *n* y *ñ*

- Aunque la **n** y la **m** son letras con sonidos bien diferenciados, hay que tener cuidado cuando la **n** se encuentra antes de una **b**, **p**, **v** o **m** porque entonces se pronuncia como una **m**, así que la expresión **un poco** suena como **umpoko**. Otros ejemplos son:

    un **b**aile    buen **v**iaje    con **p**ollo    en **b**otella

  Ciertos prefijos, como con-, in- o en- se escriben con **n** aunque se pronuncian como **m**.

    e**n**mienda    co**n**mover    i**n**moral    i**n**menso    e**n**vase

- La **ñ** (con tilde) es semejante al sonido de la *ny*:

    España    año    señor    moño    niña    teñir

1. Complete con una **m** o una **n** las siguientes palabras.

    1. co__isión

    2. a__otación

    3. co__memorar

    4. i__migración

    5. co__unicar

    6. gra__ática

    7. a__ual

    8. aco__odar

    9. a__iversario

    10. i__mediato

2. Complete las palabras de las siguientes frases con una **m**, **n** o **ñ**.

    1. A __e__udo hago las co__pras e__ el __ercado.

    2. E__ __éxico pagué 100 pesos por u__ bistec.

    3. Trabajé como depe__die__te e__ u__a tie__da de ropa elega__te.

    4. El se__or Nuñez compró u__a pi__ata para el cu__plea__os de su ni__a.

# ■ VAMOS A ESCRIBIR

**7** ¿Cómo escribir un ensayo de causa y efecto? Este tipo de ensayo responde a la pregunta: ¿Por qué ocurre esto? o ¿Cuál es la consecuencia? Cuando se escribe un ensayo de causa y efecto, Ud. comienza con un acontecimiento o una situación. Luego, Ud. explica qué lo provocó y cuáles fueron las consecuencias.

## Antes de escribir

- Piense Ud. acerca de algo que le haga preguntar, ¿qué efectos pueden resultar de esto? Por ejemplo, el creciente número de niños bilingües en los Estados Unidos.

- Escoja una situación y después piense en todos los posibles efectos que Ud. pueda encontrar.

- Haga Ud. una lista de detalles que expliquen estos efectos.

## Escriba su primera versión

- Describa brevemente el acontecimiento o la situación en su introducción.

- Organice los efectos del mayor al menor, tomando en cuenta el orden de importancia.

- Para escribir acerca de los efectos que ocurrieron en un período de tiempo, debe Ud. organizarlos en orden cronológico.

- Complete su ensayo con los detalles y pormenores relevantes y apoye sus conclusiones dando fuentes y autoridades de confianza.

## Evaluación y revisión

- ¿Explicó Ud. con detalles los efectos? ¿Apoyó sus conclusiones?

- ¿Ha pensado Ud. en un posible público para su ensayo?

- Verifique el uso de las mayúsculas, la ortografía y la puntuación. Escriba su versión final.

# ■ VAMOS A CONOCERNOS

## 8 A escuchar

Escuche Ud. las entrevistas del **Panorama cultural** del capítulo 9. Ponga atención a lo que Soledad, Gisela y Pablo comentan sobre la importancia de vestirse bien. ¿Está Ud. de acuerdo con la opinión de Soledad? ¿Los tres muchachos están de acuerdo entre sí? Junto con un compañero o compañera, escriban Uds. una lista con todas las palabras que les vengan a la mente que tengan relación con el tema de la moda y con las prendas de vestir. Concentre su atención en escribirlas bien. Fíjense cuáles palabras de su lista se escriben con **m**, **n** o **ñ**. Consulten a su profesor o profesora para cerciorarse de la ortografía correcta de todas las palabras de las que no estén totalmente seguros.

## 9 A pensar

¿Ha escuchado Ud. la música de conjunto tejano o Tex-Mex? Desde la década de 1940, la música de acordeón o de conjunto ha gozado de gran popularidad en el sur de Texas entre la comunidad mexicanoamericana. Los nombres de varios pioneros de la música tejana de esa época son: Narciso Martínez, Bruno Villarreal, José Rodríguez, Jesús Casiano, Lalo Cavazos y Santiago Jiménez. Los conjuntos son muy populares en toda la región sur de Texas, en donde el sonido del acordeón no falta en festividades religiosas, civiles y familiares. Como muchos otros ritmos, la música tejana está hecha para bailar. Si Ud. nunca ha escuchado la música tejana, pregunte a sus compañeros o amigos si tienen discos o cintas que pueda escuchar.

En media página, escriba Ud. acerca del tipo de música que a Ud. le gusta.

## 10 Así lo decimos nosotros

Complete el siguiente cuadro con la palabra inglesa, la variante local o el español internacional. Búsquelas en un diccionario si no puede encontrar la respuesta.

| Palabra inglesa | Variante local | Español internacional |
|---|---|---|
| | muncho | mucho |
| | nuevecientos | novecientos |
| light fog | | neblina |
| animal | alimal | |
| company | | compañía |
| cloudy | ñublao | |
| | manopla | mano |
| to drive | | manejar |
| | maistro | maestro |

# VAMOS A CONVERSAR

**11** Forme con un grupo de estudiantes un panel de debate. Luego, pregúnteles a sus compañeros si hablan otra lengua desde niños o si conocen a alguien que sea bilingüe. Discutan acerca de las ventajas y desventajas de ser bilingüe. Compartan anécdotas personales acerca de las personas bilingües. Luego, discutan las diferencias que existen entre personas que aprendieron otra lengua en la escuela y aquellas que crecieron desde pequeñas aprendiendo dos lenguas. Piensen en el porqué.

CAPÍTULO

# 10 Celebraciones

## ■ VAMOS A LEER

### 1 Antes de empezar

- Como primer paso, haga Ud. un breve repaso de cómo ha sido su vida en comparación con la de sus padres y sus abuelos. Imagine también cómo se imagina la vida de sus hijos.

- Luego, haga una primera lectura de "La historia de Anna Macías", escrita por la misma autora. Ponga atención al modo en que la autora utiliza los detalles para caracterizar su vida y la de su familia.

- También ponga atención al uso de las comillas para citar lo que las personas dicen.

- Ponga atención a las personas que se mencionan. ¿Quiénes son en la vida de Anna?

- Finalmente, puede Ud. consultar algunos libros o artículos sobre las memorias de personajes famosos. Si no conoce ninguno, pregúntele a su profesor o profesora.

### 2 La historia de Anna Macías

No es raro que con frecuencia me descubra envuelta en un juego de remembranzas con mis amigos profesionistas acerca de cómo fue para nosotros crecer pobres en el barrio.

"Éramos tan pobres", diré yo, "que mi padre alquilaba el garaje y la sala de estar a trabajadores indocumentados. Los siete miembros de mi familia compartíamos dos pequeñas habitaciones en el oeste de Dallas".

"Bueno", me reta mi amigo abogado, "nosotros éramos tan pobres que mi mamá diluía en agua el jugo de naranja para que rindiera más".

Sobra decir que, como muchos otros hispanos de treinta y tantos años, crecí apenas con lo indispensable, forzada a ignorar los comerciales de la televisión que importunaban con cereales azucarados, muñecas y todas las otras modas de la clase media.

Hoy puedo recordar aquellos tiempos con una sonrisa, sólo porque mi familia ha salido de la pobreza. Pero permanecen los vínculos entre lo que fue y lo que es. Hace sesenta y ocho años, mi abuelo, un inmigrante indocumentado, trabajaba como jardinero en *The Dallas Morning News*. Hoy yo soy una reportera de esta misma compañía. La diferencia es que yo vine a buscar empleo con

una educación universitaria. Durante estas décadas muchas cosas han cambiado y muchas otras permanecen igual. Cuando entré a trabajar en el periódico, me convertí en la primera de mi familia que empezó a ganar lo que podría considerarse un salario de clase media.

Como la madre de Ariel Iván, un bebé de dieciséis meses, tengo la seguridad de que mi esposo y yo vamos a ser capaces de satisfacer todas las necesidades materiales, educacionales y emocionales de nuestro hijo. Está claro que Ariel Iván vivirá en condiciones más favorables que yo o mi esposo, Eduardo Aguayo, quien creció en los barrios rurales y pobres en las afueras de Santiago de Chile. Este verano compramos una casa diseñada a nuestro gusto, con un césped lozano y cosmético. Nos ufanamos de tener dos automóviles último modelo y todos los imaginables aparatos y utensilios de cocina. Y disfrutamos de nuestros boletos de la temporada de la ópera de Dallas.

Sin embargo, esta vida de clase media no ha borrado las memorias de mis raíces. Como muchos otros hispanos de clase media, la lucha de mis padres y mis abuelos a menudo influye en lo que creo, en cómo actúo, en quiénes son mis amigos, en cómo voto y en qué lengua prefiero hablar (español, por supuesto). Quizá ellos también hayan influido en el lugar que escogí para vivir. Mi esposo y yo decidimos vivir en un barrio citadino en lugar de retirarnos a un suburbio en donde podríamos ignorar los malestares de la ciudad. En el hogar, hablamos y leemos en español. Seguimos los medios de comunicación hispanos. Tratamos de ser bilingües y biculturales.

Después de tres generaciones, mi familia se puede considerar como parte de la clase media estadounidense. No estoy muy segura qué motivó nuestro ascenso. Quizá fue el sueño que mi papá, Arnulfo Dávila Macías, tuvo acerca de sus hijas.

"Hijas, yo no tuve la oportunidad de tener una educación, pero ustedes la tendrán", nos decía en español. "Continúen, con la ayuda de Dios".

"Texas" by Anna Macias Aguayo from *Hispanic Business*, November 1994. Copyright © 1994 by **Hispanic Business, Inc.** Reprinted by permission of New York Times Syndication. Translated into Spanish by Holt, Rinehart and Winston, Inc.

| | |
|---|---|
| **importunar** | incomodar, fastidiar |
| **vínculo** | lazo, unión |
| **lozano** | robusto, vigoroso |
| **ufanarse** | enorgullecerse; jactarse |

## 3 A los detalles

1. ¿Cuántas personas compartían las dos habitaciones de la casa de los padres de Anna?
2. ¿Qué hacía la mamá del amigo abogado para ayudar a economizar en los gastos de la casa?
3. ¿Anna siempre comió cereales azucarados? ¿Por qué?
4. ¿A qué se debe que el abuelo y Anna tengan empleos tan distintos?
5. ¿Con quién está casada Anna? ¿De dónde es su esposo?

## 4 Vamos a comprenderlo bien

1. ¿Cuántos hijos tiene la protagonista y cómo ve su futuro?
2. Describa Ud. la casa donde vive la familia Aguayo Macías.
3. ¿Anna se acuerda mucho de sus antepasados? Explique.
4. ¿Cree Ud. que fue una experiencia negativa para Anna Macías crecer en una familia pobre? ¿Por qué?
5. ¿Ud. alguna vez ha experimentado algo difícil en su vida? Cuente cómo Ud. enfrentó el problema y cómo lo hacía sentir.

## 5 Reglas de acentuación: el acento diacrítico

Además del acento ortográfico, existe otro acento escrito que tiene una función gramatical. Este acento ha recibido el nombre de diacrítico. Sirve para distinguir las diversas funciones que una misma palabra puede realizar en la oración.

| | | | |
|---|---|---|---|
| **mi** (adjetivo)<br>es **mi** coche | **mí** (pronombre)<br>me lo diste a **mí** | **te** (pronombre)<br>**te** veo mañana | **té** (sustantivo)<br>quiero tomar **té** |
| **tu** (adjetivo)<br>**tu** casa | **tú** (pronombre)<br>**tú** me pediste | **de** (preposición)<br>estoy **de** fiesta | **dé** (verbo)<br>**dé** una vuelta |
| **el** (artículo)<br>**el** camino | **él** (pronombre)<br>**él** caminó | **se** (pronombre)<br>Juan **se** fue | **sé** (verbo)<br>yo no **sé** |
| **si** (conjunción)<br>voy a ir **si** puedo | **sí** (adverbio)<br>claro que **sí** | **mas** (conjunción)<br>**mas** líbranos del mal | **más** (adverbio)<br>quiero **más** sopa |
| **solo** (adjetivo)<br>estoy **solo** en casa | **sólo** (adverbio)<br>**sólo** un canal | | |

Escriba el acento diacrítico en las palabras que deban llevarlo.

1. De verdad no se quien tiene tu dinero.
2. Solo tu y yo sabemos la verdad.
3. Dímelo a mi, por favor. Puedes confiar en mi.
4. — Tu hermana es muy simpática.
   — Si, ¿verdad?
5. Prefiero estar solo. No se qué me pasa.
6. ¿De dónde es Sony? Pues, el es de Cuba.
7. Mi amiga se va a casar el sábado.
8. Quiero mas te, si Ud. me hace el favor.
9. Deme mas tiempo. Estoy muy apurado.
10. ¿Vas a tomar un te con el?

Lea otra vez la lectura y haga una lista de tres palabras que se puedan confundir por el acento diacrítico.

## 6 Ortografía: la letra s

En general, la **s** en español se pronuncia más o menos como la **s** en inglés. Sin embargo, en algunas regiones del mundo hispano, la **s** al final de sílaba —especialmente si es seguida por una consonante— se cambia en una salida de aire o se pierde por completo.

1. ¿Cómo pronuncia Ud. las siguientes frases o palabras?
   ¡Esperate!
   ¿Cómo estás tú?
   Está lloviznando.
   Es lunes.

2. ¿Alguna vez ha oído decir estas palabras o frases sin la **s**?
   ¡'pérate!
   ¿Cómo e'tá' tú?
   ¿e'tá llovi'nando?
   Hoy e' lunes.

Esta pronunciación es cada día menos común en el habla casual de mucha gente. El problema resulta cuando uno trata de escribir la palabra. Aunque no se pronuncie la **s**, de todas maneras hay que escribirla siempre.

3. ¿A cuáles de las siguientes palabras les hace falta una **s** escrita?
   1. Quiero má té por favor.
   2. Vamo a bucarlo.
   3. ¿Habla uté epañol?
   4. Lo tres amigo bueno se ayudan.
   5. Esa es una pregunta muy difícil.
   6. Está lloviendo a cántaro.
   7. Bueno día mamá, ¿cómo etá?
   8. ¿De dónde ere tú?

# ■ VAMOS A ESCRIBIR

**7** ¿Cómo escribir una anécdota personal?  Una anécdota personal es un relato acerca de un acontecimiento real en la vida de Ud. Revise una vez más la lectura y fíjese en cómo la autora cuenta al lector anécdotas personales. Luego, haga una lista de anécdotas personales que hayan sido importantes para Ud.

### Antes de escribir

• Decida por qué le gustaría contar una anécdota específica y a quién le gustaría contársela.

• Haga una lista de acontecimientos (¿qué pasó?), detalles (¿qué vio?, ¿oyó?, ¿sintió?), participantes (¿quiénes estaban?) y palabras (¿qué dijeron?).

• ¿Qué sintió o pensó en esos momentos? Escríbalo.

• Escriba los acontecimientos en orden cronológico.

### Escriba su primera versión

• Una anécdota personal tiene tres partes: inicio, desarrollo y conclusión. Escriba en el "inicio" algo que llame la atención de su lector y diga por qué es importante. Escriba a continuación una breve síntesis de los antecedentes de su anécdota.

• Relate los acontecimientos en orden cronológico añadiendo los detalles, los diálogos y los pensamientos que recuerde.

• Finalmente, escriba una conclusión en la que explique cuál es el significado de su anécdota, qué consecuencias trajo a su vida personal.

### Evaluación y revisión

• Recuerde que los detalles son muy importantes en la anécdota personal. Ahora, revise los detalles que Ud. escribió. ¿Le gustan? ¿Son apropiados? ¿Hacen que la narración parezca real?

• Lea el "inicio" de su relato y decida si tiene algo de interés y proporciona suficientes antecedentes.

• ¿Los acontecimientos que narró están en orden cronológico?

• ¿El significado del relato está lo suficientemente claro?

# ■ VAMOS A CONOCERNOS

## 8 A escuchar

Escuche Ud. las entrevistas del **Panorama cultural** del capítulo 10. Todos los entrevistados hablan de cómo celebran sus fiestas. ¿Cuáles son algunas de las fiestas del lugar en donde vive Ud.? ¿Se ha fijado Ud. cómo suena diferente el español que habla la familia Pardo (de Coruña en España) del español de Angélica (de Colombia), y que éste es diferente todavía del español de Verónica (de Texas)? Y el español de Ud., ¿al de quién se parece más o menos? ¿El vocabulario que usa la familia Pardo es distinto del que usa Verónica?

CAPÍTULO 10

## 9 A pensar

Los reyes magos es la celebración que trae más ilusiones a los niños de los países hispanohablantes. La fiesta se celebra el seis de enero. Tradicionalmente, los niños escriben cartas a los tres reyes magos con una lista de regalos que les gustaría recibir. La noche del día cinco, los niños dejan un par de zapatos al pie del árbol de Navidad y se van a dormir. El día seis por la mañana se levantan muy temprano de la cama para abrir los regalos que les dejaron los reyes magos. Ese mismo día, la familia se reúne para partir la rosca de reyes, un pan en forma de rosca y lleno de frutas, tradicional de esa época. Las roscas contienen un muñeco que representa al niño Jesús. Dependiendo del país, la persona a la que le toca el niño en su pedazo de rosca tiene que hacer un regalo o una fiesta.

En media página, escriba Ud. una anécdota personal de su niñez que lo haya hecho feliz. Puede ser relacionada a algo que Ud. esperaba con mucha ilusión.

## 10 Así lo decimos nosotros

Complete el siguiente cuadro con la palabra inglesa, la variante local o el español internacional. Búsquelas en un diccionario si no puede encontrar la respuesta.

| Palabra inglesa | Variante local | Español internacional |
|---|---|---|
| | Oajaca | Oaxaca |
| watch out | wacha | |
| | experencia | experiencia |
| old age | | vejez |
| water | awa | |
| Mexico | | México |
| | aseguranza | póliza de seguros |

# ■ VAMOS A CONVERSAR

**11** Forme con un grupo de estudiantes un panel de debate. Cada uno de Uds. debe hacer una lista de tres celebraciones preferidas. En una hoja de papel, agrupen las celebraciones en tres categorías: religiosas, familiares y nacionales. En las celebraciones religiosas, pongan Uds. aquellas celebraciones que tengan que ver con alguna religión en particular. En las celebraciones familiares, aquellos acontecimientos relacionados con la familia, como quinceañeros, cumpleaños, aniversarios. En las celebraciones nacionales, aquellos acontecimientos que tienen que ver con su país, como el Día de la Independencia. Luego, cuenten el número de celebraciones que hay en cada categoría. ¿Cuál de las categorías tiene más celebraciones? ¿A qué cree que se deba?

## CAPÍTULO 11

# Para vivir bien

## ■ VAMOS A LEER

### 1 Antes de empezar

- Antes de leer, reflexione sobre cuáles son los elementos que caracterizan una verdadera amistad. Luego dé una lectura rápida al texto "Mi amiga Lety".

- En el texto, usted encontrará el recuento de una relación amistosa muy cercana ante la perspectiva de una inminente separación. Observe como la autora desarrolla la historia en orden cronológico: desde los recuerdos de la niñez hasta las experiencias presentes.

- Examine los recursos narrativos de que se vale la autora. Al plantear los diferentes enfoques educativos de las dos familias de las amigas, ella presenta un conflicto que despierta el interés del lector.

- Ahora analice sus experiencias personales con amistades cercanas. ¿Ha tenido, o conserva Ud., una amistad de su infancia? En seguida, lea el texto con cuidado.

### 2 Mi amiga Lety

Lety, además de ser mi vecina, ha sido mi amiga de toda la vida. Desde que éramos niñas fuimos compañeras de juegos y asistimos al mismo kínder e igual escuela. Lety aparece en un sinnúmero de videos familiares: está presente en todas mis fiestas de cumpleaños, además de vacaciones de verano, fiestas navideñas y campamentos de fines de semana. Aquí en mi casa es vista como de la familia. Siempre hemos sido inseparables.

Cuando entramos a la secundaria quedamos en clases diferentes. Lety, en las actividades extracurriculares, se sintió atraída por el grupo de arte dramático y a mí me gustó el ballet folklórico. Aunque nuestros intereses empezaron a diversificarse, tratamos de seguir unidas en nuestro tiempo libre y es así que diariamente tomamos el lonche juntas y siempre nos acompañamos al ir y venir de la escuela.

El deporte que siempre hemos compartido es el de criticar a las compañeras que no nos simpatizan y el hablar largamente de los prospectos de novios. Nos podemos pasar largas horas en el teléfono describiendo la sonrisa, dientes y hoyuelos incluidos, del muchacho en turno que

nos gusta o simplemente escuchando, en el tocador de discos compactos, las mismas canciones un millón de veces hasta que nos las aprendemos de memoria. Otra actividad que nos encanta hacer es prestarnos la ropa. Así que es muy común que mi clóset esté lleno de zapatos, pantalones, blusas, faldas y suéteres de Lety; así como en el suyo está casi la mitad de mi guardarropa. También nos encanta hacernos tratamientos de belleza: ponernos mascarillas para el cutis y así combatir la amenaza del acné.

Aunque estamos en clases distintas, descubrimos que tenemos algunos cursos que son impartidos por los mismos maestros, como es el caso de inglés; así que muy seguido nos ponemos de acuerdo para ir a la biblioteca a hacer juntas la tarea. Los fines de semana solemos ir al cine, a alguna fiesta o a algún concierto; esto último siempre que alguno de nuestros hermanos mayores esté dispuesto a acompañarnos.

Tal vez en lo único en que somos un poco diferentes es en el tipo de educación que recibimos en nuestras casas. El hecho de que mis papás sean bastante autoritarios y controladores me ha llevado a sentir envidia del clima de libertad que se respira en la familia de Lety. Sus papás también son de ascendencia hispana, pero llevan como cinco generaciones viviendo aquí. Yo pertenezco a la primera generación de mi familia nacida aquí. En casa de Lety, los papás se llevan con sus hijos como amigos. Recuerdo cuando éramos niñas, muchas veces lloré porque Lety obtenía juguetes tan sólo con pedirlos, en mi caso siempre tenía que ganármelos, que merecerlos.

Aquí en mi casa, mis papás siempre son los jefes, ellos son quienes dicen las reglas que hay que observar y el que no las cumpla es acreedor a un castigo. No hay peros que valgan. El "hay que respetar y obedecer a los superiores" es una letanía que he escuchado decir desde que tenía uso de razón. Sin embargo, si nos ponemos a analizar nuestro comportamiento, a pesar de las diferencias de enfoques educativos en nuestras familias, los resultados son bastante iguales. Tanto Lety como yo tenemos claro que siempre

vamos a ser sinceras y honestas con nuestros padres. Aunque siempre nos han dejado aprender de nuestros errores, tenemos la seguridad de que no importa la magnitud de la tontería que hayamos hecho, siempre van a estar de nuestro lado. Sobre todo hemos aprendido juntas que si queremos llegar a hacer algo de nosotras no hay otro camino que el trabajo duro, y aprender a no rendirse cuando las cosas no salen como esperábamos.

Una cosa que me aterra es la proximidad del final de la secundaria. Lety quiere estudiar medicina y yo administración de negocios. La universidad de la ciudad donde vivimos no tiene estudios de medicina. Lety, necesariamente se va a tener que ir a estudiar a otra ciudad. Creo que cuando se vaya sentiré como si la mitad de mí se me hubiera muerto. Hemos jurado que nos vamos a escribir una vez por semana y que nuestra amistad va a perdurar hasta que seamos unas ancianitas pero me lleno de ansiedad cuando pienso cómo será la vida sin Lety.

> **prospecto** que se prevé para el futuro
> **letanía** oración formada por repetidas invocaciones

## 3 A los detalles

1. Además de ser vecinas, ¿cuál es el tipo de relación que existe entre Lety y la protagonista?
2. ¿Qué tipo de actividades extracurriculares escogieron Lety y la protagonista al entrar en la secundaria?
3. ¿Cuál es el "deporte" que suelen compartir las dos amigas?
4. ¿Cuáles son algunas de las diferencias en los enfoques educativos de las dos familias?
5. ¿Qué es lo que se han jurado las dos amigas ante su inminente separación?

## 4 Vamos a comprenderlo bien

1. ¿Cuál es la visión particular que Ud. tiene de las amistades duraderas? ¿Son ellas un elemento importante y necesario en la formación de una persona?
2. ¿Cuándo cree Ud. que se manifiesta con más fuerza la presión de los amigos?
3. La autora señala que la familia de Lety lleva cinco generaciones viviendo en los Estados Unidos. ¿Tiene esta larga permanencia algo que ver con la asimilación a la cultura democrática familiar que se practica en este país? ¿Por qué?
4. ¿Cuál es su opinión sobre la disciplina que se observa en el núcleo de muchas familias? ¿Es el autoritarismo eficaz en la formación de mejores seres humanos?
5. ¿Coincide usted con la filosofía personal de las dos amigas sobre lo que hay que hacer para forjarse un porvenir? ¿Por qué?

## 5 Reglas de acentuación: la diéresis

La **diéresis** sobre la letra **u** (**ü**) sirve para indicar que hay que pronunciar la **u** en las combinaciones **gue** y **gui**. Los siguientes ejemplos son de este tipo de palabras:

pingüe    pingüino    güera    paragüero    agüita    bilingüe

Escriba Ud. los siguientes verbos en la primera persona (**yo**) del tiempo pasado como en el modelo. Decida si las palabras llevan diéresis.

MODELO     averiguar     averigüé

1. apaciguar _____

2. pegar _____

3. atestiguar _____

4. aguar _____

5. pagar _____

6. guiar _____

7. amortiguar _____

8. madrugar _____

## 6 Ortografía: ejercicios de repaso

Complete las palabras de las frases con **b**, **v**, **s**, **c** o **z**, según sea la letra correcta.

1. Tu__e que su__ir 10 pisos por la escalera, el ascensor no esta__a funcionando.

2. I__a a ir a la fiesta pero cam__ié de opinión.

3. Me encontré a Luis en la ___i__lioteca. ¡Qué suerte!

4. Luisa trae un auto nue__o. Tra__ajó todo el __erano para comprarlo.

5. E__e mae__tro es __a__tante e__tricto. Yo que tú estudia__a.

6. "E__plendor en la hier__a" es una de mis películas fa__oritas.

7. No lo cono__co. Le conte__té el __aludo como una rea__ción e__pontánea.

8. __aqué un __ien en la prue__a.

9. El pa__tel de __anahoria me __ale muy __ueno.

10. Anoche __e fue la lu__ y no tenía fu__ibles.

# ■ VAMOS A ESCRIBIR

**7** ¿Cómo escribir una comparación entre dos personajes? En muchas ocasiones Ud. puede comprender mejor a una persona cuando la compara con otra. Observe Ud. a dos de sus amigos. Luego compárelos.

### Antes de escribir

• Cuando Ud. compara dos personas, siempre es mejor empezar por las similitudes. ¿Qué tienen esas dos personas en común?

• Luego, puede Ud. contrastarlas. ¿En qué son diferentes?

- Ud. puede presentar y organizar su texto de dos maneras: o presentar a las dos personas por separado o presentarlas juntas, con detalles acerca de las dos.

### Escriba su primera versión

- Haga un esquema con las características que las personas tienen en común y también sus diferencias.

- Decida Ud. de qué manera quiere presentar a las personas, por separado o combinando sus características.

- Incluya detalles que apoyen lo que dice.

### Evaluación y revisión

- Cuando termine la primera versión, pida Ud. a un compañero de clase que lea lo que Ud. escribió. Pregúntele si están claras las similitudes y diferencias entre las personas que Ud. describe.

- Escuche con atención y tome notas acerca de todas las cosas que hayan confundido al lector.

- Haga los cambios y escriba la versión definitiva.

# ■ VAMOS A CONOCERNOS

## 8 A escuchar

Vuelva a escuchar las entrevistas del **Panorama cultural** del capítulo 11. Víctor, Manoli y Raquel hablan de sus deportes favoritos. A uno le gusta la charrería, a otra le gustan los deportes acuáticos y a la última le gusta jugar al voleibol. Tomando en consideración las diferencias culturales entre México, España y Nicaragua, ¿puede encontrar Ud. algún significado en estas actividades tan diversas? ¿Nota Ud. alguna diferencia en el modo de expresarse entre Víctor, Manoli y Raquel? Explique. ¿Qué acento le gusta más? ¿A qué actividades se dedica Ud. en su tiempo libre? Si se fija un momento en la ortografía, se va a dar cuenta que en la entrevista de Raquel hay tres efes. Ponga atención a cómo las pronuncia.

## 9 A pensar

La medicina tradicional en varios países de habla hispana tiene todavía gran aceptación. Es frecuente que los dolores de cabeza, estómago, piernas y cuello sean tratados con tés o infusiones de diferentes hierbas. El té de flor de saúco se toma para aliviar la tos, el té de tila se toma para curar la ansiedad, la infusión de la gobernadora se usa para aliviar el pie de atleta. Es muy común que en los mercados de varios países de Latinoamérica exista el "hierbero"— es decir, la persona que vende hierbas para curar diferentes malestares. "El hierberito" es también una famosa canción popular del Caribe en la que se hace una variada lista de hierbas que alivian ciertos malestares, incluso los del espíritu.

En media página, escriba qué hacen Ud. y su familia cuando tienen malestares menores. Luego, explique Ud. por qué cree que hacen eso.

## 10 Así lo decimos nosotros

Complete el siguiente cuadro con la palabra inglesa, la variante local o el español internacional. Búsquelas en un diccionario si no puede encontrar la respuesta.

| Palabra inglesa | Variante local | Español internacional |
|---|---|---|
| iron | fierro | |
| | ajuera | afuera |
| | cherife | alguacil mayor |
| to play | fugar | |
| | trafiquiar | dar la vuelta |
| knife | | cuchillo |
| to bother | fregar | |
| to do, to make | | hacer |
| | feria | cambio |

# ■ VAMOS A CONVERSAR

## 11

Forme con un grupo de estudiantes un panel de debate. Pregúnteles qué opinan acerca de la medicina tradicional, es decir, aquella que ha sido heredada de los conocimientos medicinales de las plantas. Pregúnteles si creen que la medicina contemporánea es diferente a la medicina tradicional. Discutan por qué. Reflexionen también acerca de lo que se entiende por ciencia en la sociedad de hoy.

# CAPÍTULO 12 · Las vacaciones ideales

## ■ VAMOS A LEER

### 1 Antes de empezar

- Frecuentemente las experiencias de los inmigrantes latinoamericanos, no importa de qué país específico procedan, son bastante similares. Tomando como punto de referencia el texto autobiográfico de Aurora Flores, recupere sus vivencias personales sobre el proceso de adaptación a la cultura estadounidense. Recuerde que, por un lado, hay quienes deciden olvidarse de sus orígenes y desean volverse estadounidenses automáticamente. Por el otro lado, están quienes siguen fieles a su identidad cultural y a sus propios valores. Reflexione sobre esto y lea el texto una vez.

- Ponga atención al estilo personal que emplea la autora para hacernos partícipes de su evolución social como miembro de una familia de inmigrantes puertorriqueños.

- Observe la apreciación crítica de la autora sobre la invisibilidad de los profesionales hispanos en la vida corporativa americana, todavía repleta de estereotipos.

- Por último, si puede, visite una biblioteca y, una vez ahí, vaya a la sección de biografías. Ahí encontrará un sinnúmero de lecturas, amenas y entretenidas, sobre personajes hispanos que sacaron provecho de las oportunidades que les brindó esta tierra.

### 2 La importancia de la herencia hispana

En nuestro viaje regular a La Marqueta, el mercado al aire libre por el rumbo este de Manhattan, yo era el vínculo familiar entre nuestro tradicional hogar puertorriqueño hispanohablante y la cultura anglohablante en la que yo había nacido y crecido.

"¡Dile que es un robo!" mamá me gritaba mientras regateaba con algún tendero. "¡Cree que soy estúpida! ¡Acabo de ver esto a un precio mucho más bajo en la tienda de la otra cuadra! ¡Ándale, dile!"

"Mi mamá dice que ese precio no está bien", le diría yo, tratando de suavizar las cosas un poco. Eran los sesenta y yo tenía ocho años.

Mis padres vinieron a Nueva York de Puerto Rico a principios de los cincuenta, sus bolsillos llenos tan sólo con el sueño americano. Papá encontró trabajo como ayudante de camarero en Tavern on the Green. Mamá se mataba trabajando como costurera en una fábrica. Los dos trabajaron duro para mudar a la familia desde el Lower East Side, un barrio pobre, hasta el Upper West Side, un barrio mejor.

Durante esta etapa, mamá nunca quiso que sus hijos se olvidaran de dónde venían. Y todavía más importante, a pesar de su educación escolar elemental y de su crianza campesina; nunca quiso que nos sintiéramos avergonzados de nuestro origen.

Fue a finales de los sesenta y principio de los setenta que me las arreglé para terminar la escuela secundaria con honores y conseguir una beca para la universidad. Fui la primera de la familia que terminó la secundaria. Los estudios universitarios me condujeron a la seguridad de la clase media. Me convertí en una periodista activa y más tarde establecí mi propio negocio de relaciones públicas.

¿Qué se siente ser de la clase media? ¡Literalmente caminar entre dos culturas donde sirvo de enlace entre las comunidades hispánicas de los Estados Unidos y el mundo de las corporaciones?

Me siento diferente y especial. Alguna gente puede sentirse satisfecha al vivir su vida en la seguridad del anonimato de la clase media. Muchos, tal vez, no quieren mirar atrás. Hoy los políticos hispanos enfocan su interés en los desposeídos de nuestra comunidad, dejando a muchos profesionales sintiéndose casi invisibles. ¿Quién nos representa? ¿Quién está pendiente de nuestros intereses? Esta invisibilidad invade el medio corporativo donde los hispanos están todavía estereotipados.

Para un niño como mi hijo, quien se siente orgulloso de su cultura, molestarle por razones de su origen puede llegar a ser cruel. Cuando

estaba en primer grado, un día llegó de la escuela enfadado porque los otros niños le habían dicho que el español era la lengua que hablaba "la gente que limpia nuestras casas".

Mi mamá, que estaba presente, calmada y gentilmente le preguntó:

"¿Cuándo tu mamá habla por teléfono con sus clientes, en qué lengua habla?"

"En inglés", él contestó.

"Y cuando estás viendo esas caricaturas, en que el zorrillo anda persiguiendo a los gatos, ¿en qué lengua habla?"

"En francés", dijo el niño.

"Pero cuando tú hablas con tu abuelita y con Dios... tú hablas en español".

El español nunca volvió a ser el lenguaje de "la gente que limpia nuestras casas".

| | |
|---|---|
| **anonimato** | situación de permanecer anónimo, desconocido |
| **desposeído** | alguien privado de posesiones |

"New York" by Aurora Flores from *Hispanic Business*, November 1994. Copyright © 1994 by Hispanic Business, Inc. Reprinted by permission of New York Times Syndication. Translated into Spanish by Holt, Rinehart and Winston, Inc.

## 3 A los detalles

1. ¿Qué fue lo único que trajeron los padres de la autora cuando llegaron a Nueva York desde Puerto Rico?
2. ¿Qué les enseñó la madre a sus hijos con respecto a sus orígenes?
3. ¿Cómo pudo la autora lograr sus estudios universitarios?
4. ¿Qué comentario desagradable recibió el pequeño hijo de la autora sobre las personas que hablan español?
5. ¿Qué le dijo la abuela al niño sobre con quiénes hablaba él en español?

## 4 Vamos a comprenderlo bien

1. Reflexionando sobre los servicios de traducción que la autora hacía a sus padres, ¿por qué cree Ud. que los niños aprenden con mayor rapidez que los adultos una nueva lengua?
2. Mencione un incidente cómico y otro triste que se narran en el texto.
3. ¿Cree Ud. que sea posible que una persona pueda cambiar de identidad cultural como se muda de ropa? ¿Por qué?
4. ¿Qué papel jugó la educación universitaria en el acenso de la autora a la seguridad económica de la clase media?

## 5 Reglas de acentuación: un repaso

Ud. ha formulado reglas para explicar el uso de los acentos ortográficos en español. He aquí un resumen de todas las reglas que Ud. habrá formulado.

- Todas las palabras interrogativas llevan un acento ortográfico si forman parte de una pregunta directa o indirecta: **¿qué? ¿cómo? ¿cuándo?**

- Las palabras llanas (acentuadas en la penúltima sílaba) llevan un acento cuando terminan en consonante que no sea n ni s: **cárcel lápiz Héctor**

CAPÍTULO 12

¡Ven conmigo! Level 1     Native Speaker Activity Book, Teacher's Edition **57**

HRW material copyrighted under notice appearing earlier in this work.

- Las palabras agudas (acentuadas en la última sílaba) llevan un acento cuando terminan en vocal, **n** o **s**: **café sartén avión tomará cortés**

- Las palabras esdrújulas (acentuadas en la antepenúltima sílaba) llevan siempre un acento: **fórmula murciélago bañándose esdrújula**

- Las palabras sobresdrújulas (acentuadas antes de la antepenúltima sílaba) se acentúan todas: **cuídamela préstamelo sírvetelos**

- Algunas palabras llevan acento para distinguirlas de otras que se escriben igual: No **sé si** Juan **se** fue **mas** Javier sabe **más** que yo y **sí** sabrá.

- Una vocal débil lleva un acento para romper un diptongo: **día ataúd baúl oído**

Basándose en las reglas que Ud. ha formulado, lea las siguientes palabras y escriba el acento donde sea necesario.

| | | | | |
|---|---|---|---|---|
| 1. debil | 6. arroz | 11. rapido | 16. reunion | 21. Carlos |
| 2. sarten | 7. joven | 12. tenis | 17. ¿cual? | 22. hablar |
| 3. jamas | 8. nunca | 13. cafe | 18. te con hielo | 23. ahora |
| 4. influir | 9. suerte | 14. tenia | 19. Maria | 24. peine |
| 5. ¿como? | 10. llovera | 15. volteado | 20. animal | 25. coqui |

## 6 Ortografía: ejercicios de repaso

Complete las palabras de las frases con **g**, **h**, **j**, **ll** o **y** según sea la correcta.

1. Yo esco___o a mis propias amigas.

2. Me dijo mi padre: esco___e una camisa que te guste.

3. Faltan dos ___oyos para terminar el partido de golf.

4. ___ay días en que quisiera quedarme me___or en casa.

5. No me ___usta como conclu___e la novela.

6. Te di___e que te pusieras otro tra___e, ése no te queda.

7. A___er cerraron las puertas de la fundición de ___ierro.

8. Mi tía hu___e de las aglomeraciones, la enferman.

9. ___egó la carta que estaba esperando.

10. No me ___ustan los video___ue___os violentos.

## ■ VAMOS A ESCRIBIR

**7** ¿Cómo escribir un artículo persuasivo? La escritura persuasiva trata de convencerlo a Ud. de **hacer** o **creer** algo. Ud. debe formular y apoyar sus ideas de un modo en el cual haga que su público actúe o piense de la manera en que Ud. quiera. Escriba un artículo persuasivo de unas 300 palabras.

### Antes de escribir

- Con un grupo de dos o tres compañeros, busquen temas interesantes para escribir persuasivamente. Escojan Uds. los temas que más les apasionen. También pueden ser temas de la radio o la televisión o de lo que sucede en la escuela. Hagan una lista de al menos seis temas.

- Recuerde que debe tener siempre en mente su tema y los lectores que Ud. quiere persuadir. Ud. debe apelar a las emociones y a los sentimientos de los lectores.

- Ud. debe apoyar su opinión si Ud. quiere cambiar la opinión de la gente con respecto a un tema de interés. Lea periódicos, libros y revistas y consulte con amigos y expertos.

### Escriba su primera versión

- Al principio del artículo Ud. debe incluir una oración que llame la atención y que exprese claramente su opinión.

- El cuerpo del texto debe incluir hechos e información pertinente que apoyen su opinión.

- El final del artículo usualmente reformula su opinión o hace un resumen de las razones que la sustentan. También puede incluir un llamado a la acción, una sugerencia específica acerca de lo que la gente puede hacer al respecto.

### Evaluación y revisión

- ¿El inicio de su artículo atrapa la atención de su lector?

- ¿La opinión del autor está claramente expresada al principio del artículo?

- ¿Hay suficiente apoyo para convencer a la audiencia y persuadirla a actuar o pensar de cierta manera?

- ¿El final hace un resumen lo suficientemente sólido?

## ■ VAMOS A CONOCERNOS

## 8 A escuchar

Escuche las entrevistas del **Panorama cultural** del capítulo 12: "¿Adónde vas y qué haces en las vacaciones?" Ud. se dará cuenta que las tres personas entrevistadas hablan con acentos muy distintos. ¿Qué acento le resulta más difícil de entender? ¿Qué acento es más fácil? ¿Cuáles son algunas características del español argentino? ¿Del español de Puerto Rico? ¿Qué tal el español de Venezuela? Su propio español, ¿a cuál se asemeja más? ¿Se le dificultaría a Ud. escribir estas entrevistas? Inténtelo.

## 9 A pensar

Ir solo de vacaciones es una actividad poco frecuente en varios países de habla hispana. Las vacaciones son casi siempre colectivas y principalmente familiares. Los hijos que son adolescentes pueden ir a campamentos, paseos o retiros, siempre y cuando la actividad sea en grupo. Los adolescentes casi nunca van de vacaciones solos o con uno o dos amigos. Y es que las vacaciones familiares son divertidas. Es común también que varias familias vayan juntas de vacaciones, sobre todo si los hijos se conocen previamente y son amigos. Además, las vacaciones en familia tienen otra ventaja: son más económicas.

CAPÍTULO 12

En media página, describa Ud. cómo son sus vacaciones por lo general. ¿Son familiares o individuales? Piense en las vacaciones de los amigos que conozca y descríbalas. ¿Son similares a las suyas? Explique.

## 10 Así lo decimos nosotros

Complete el siguiente cuadro con la palabra inglesa, la variante local o el español internacional. Búsquelas en un diccionario si no puede encontrar la respuesta.

| Palabra inglesa | Variante local | Español internacional |
|---|---|---|
| to ask for | pidir | |
| | pos | pues |
| to push | puchar | |
| | pader | pared |
| | tamién | también |
| I brought | truje | |
| mouth | | boca |
| | taipiar | escribir a máquina |
| | inyekchar | inyectar |
| to kick | kikear | |

# ■ VAMOS A CONVERSAR

**11** Forme con un grupo de estudiantes un panel de debate. Comparen juntos las ventajas y las desventajas de las vacaciones en familia y las individuales. Usen experiencias personales si Uds. prefieren. Decidan qué tipo de vacaciones les gustan más. Expliquen por qué. Luego, planeen unas vacaciones ideales.

CAPÍTULO 12

## To the Teacher

The material contained in this component is designed for students with varying degrees of native fluency in Spanish to supplement material found in both the ***Pupil's Edition*** and the ***Practice and Activity Book***. Many students from Spanish/English bilingual households or communities very likely speak both Spanish and English as a native language, but have received most if not all of their formal training in reading and writing in English. As a result, they are very often able to speak fluently in Spanish about topics dealing with home or family life, but are unfamiliar with more academic topics and vocabulary and are unable to read and write Spanish well.

This component is intended to tap into and expand those students' knowledge and to develop in them a more rounded ability in Spanish by stressing reading and writing. The component includes readings about Spanish-speaking life and culture and is directed at teens and young adults. The topics are relevant to students' everyday lives and interests and, accompanied by a variety of activities, should encourage them to further develop their fluency. The following diagnostic test is included to help you, the teacher, determine whether a student possesses native fluency and would therefore benefit from the material contained in the *Native Speaker Activity Book*.

You may administer the test to any student you feel already has some degree of fluency in Spanish. The test consists of two composite drawings and one that is a sequence of scenes. The test is designed to allow the students to create freely with the language. Although in one portion of the test students are asked to do some writing, the focus of the evaluation is on the student's oral ability.

Each student workbook contains the following scenes. Students are asked to describe the scenes and/or talk about what's happening in them to the best of their ability: For the first two, you should interview the student using questions similar to those that follow on page 58. Before you begin, please keep in mind the following points:

• Students' strengths will be primarily in oral, not written Spanish. Any written portion of the test may exhibit some errors in spelling and grammar. These should be taken as an indication that the student can benefit from using the *Native Speaker Activity Book.*

• The speech of many students will reflect variant forms used in their community. This issue is addressed in the *Native Speaker Activity Book*, and students using these forms should not be disqualified from using this component.

Students should be allowed to speak freely about whatever they can; however, each scene is specifically designed to assess the student's ability to:

1. give names of basic objects, places, rooms in the house, etc.
2. give names of family members
3. talk about calendar functions (date, days of the week, months, time of year)
4. name articles of clothing
5. talk about the weather
6. talk about events in the present, past, and future
7. give descriptions of people, places, and things

**Illustration 1** should elicit student's ability to do items 1, 2, 4, 6, and 7 above. Possible questions to ask student:

¿Quiénes son las personas en el dibujo?

¿Dónde (en qué cuarto, pieza) están?

¿Qué hacen (están haciendo)?

Dígame qué hay en (name a room).

**Illustration 2** should elicit student's ability to do items 3, 5, 6, and 7 above. Possible questions to ask student:

¿Dónde tiene lugar esta escena?

¿Qué tiempo hace? (¿Cómo está el tiempo?)

¿Cómo es...? (point to a person)

¿En qué mes (estación) está? ¿En qué meses (estaciones) están?

¿Qué va a pasar (pasará) con esta escena? (point to a scene)

**Illustration 3** will ideally reveal student's ability to do all items 1–7 listed above in a narrative format. This section may be done orally or in writing. Possible questions to ask student:

¿Qué pasó en la primera escena?

¿Cómo se sentían todos?

¿Qué llevan (se han puesto) todos?

¿Dónde estaban en la segunda escena?

¿Qué ha pasado (pasó) en la tercera escena?

¿Qué hacían (estaban haciendo) todos cuando comenzó a llover?

After allowing the student to describe each illustration, use the following criteria to determine whether or not the student should use the *Native Speaker Activity Book*.

## Definite candidates

The student can accurately

- give the names of most or all of the objects and places depicted
- name a wide variety of family members
- describe people, places, and things in detail
- talk about events in the present, past and future

## Possible candidates

The student can

- give names of some objects and some places
- name members of the immediate family
- give general descriptions of people, places, and things
- talk about events using various tenses at random

## Unlikely candidates

Students who know many random words but have difficulty forming complete, coherent sentences with any degree of grammatical accuracy will probably not benefit from the *Native Speaker Activity Book*.

Students who seem to struggle with many forms and structures and whose utterances are not comprehensible even to a sympathetic listener may not necessarily benefit from the *Native Speaker Activity Book*. It would be best to talk over the situation with the student to determine whether or not he or she is comfortable with his or her ability in the language.

You will also find many suggestions for activities appropriate to native speakers in ¡Ven conmigo!, *Annotated Teacher's Edition*.

# ■ VAMOS A LEER

## 3 A los detalles

1. El rey Juan Carlos I, la princesa Sofía de Grecia, la infanta Elena, la infanta Cristina y el príncipe Felipe.
2. El pueblo español admira y respeta a su primera familia y en especial a su soberano.
3. La democracia.
4. La muerte de Franco en 1975.
5. Una monarquía absolutista.

## 4 Vamos a comprenderlo bien

1. Que el rey Juan Carlos I salió diferente de lo que se había esperado y en gran medida fue responsable de establecer la democracia.
2. El rey defendió el joven sistema democrático y derrotó a los militares.
3. *Answers will vary.*
4. En una monarquía absolutista el rey es la autoridad absoluta. La monarquía constitucional permite la participación democrática del pueblo.
5. *Answers will vary.*

## 5 Reglas de acentuación: las palabras interrogativas

1. 1. ¿Cuánto?
   2. ¿qué?
   3. ¿Quién?
   4. ¿Dónde?
   5. ¿Cómo?
   6. ¿Por qué?

2. 1. ¿**Cuánto** tiempo hace que vives aquí?
   2. ¿**Cómo** te llamas?
   3. ¿De **dónde** eres?
   4. ¿**Qué** te pasa? ¿Tienes frío?
   5. Marcos hace siempre lo que yo le pido.
   6. ¿**Quién** es ese muchacho?
   7. ¿**Cuál** es tu teléfono?
   8. Me puede decir ¿**dónde** está el teatro?
   9. Carlos vive donde viven los Pérez.
   10. ¿**Cuándo** quieres comer?

## 6 Ortografía: la letra *d*

1. S No se pue<u>d</u>e decir.
   S ¿Qué e<u>d</u>ad tiene?
   D Esa blusa cuesta un <u>d</u>ineral.
   S La ciu<u>d</u>ad es muy bonita.
   S ¿Habla uste<u>d</u> español?
   D Uds. me lo pueden <u>d</u>ecir.
   S Está enoja<u>d</u>o.

2. *Answers will vary. Possible answers:*
Un dictador ocupan de Durante en duda sorprendió
todo poder edad educaron grados
*Point out to students once again that **d** at the beginning of a sentence, after an **n** or **l** has a hard (stop consonant) sound. In other positions it's always the soft (fricative consonant) sound.*
3. final, ciudad

# ■ VAMOS A ESCRIBIR

**7** *Answers will vary.*

# ■ VAMOS A CONOCERNOS

## 8 A escuchar
*Answers will vary.*

## 9 A pensar
*Answers will vary.*

## 10 Así lo decimos nosotros

Las consonantes **d** y **s** tienden a desaparecer.

| Palabra inglesa | Variante local | Español internacional |
|---|---|---|
| red | colorao | **colorado, rojo** |
| **to disturb** | disturbar | perturbar |
| city | ciudá, suidá | **ciudad** |
| dime | **daime** | diez centavos |
| to dump | **dompear** | tirar |
| you | usté, uté | **usted** |
| to shine shoes | **dar bola** | lustrar |
| silent | callao | **callado** |

# ■ VAMOS A CONVERSAR

**11** *Answers will vary.*

# ■ VAMOS A LEER

## 3 A los detalles

1. Invitar a amigas y amigos para formar la corte de honor.
2. Asistir a los ensayos de los bailes una vez por semana durante dos meses, y comprar el traje para el día de la fiesta.
3. La corte de honor, el caballero de honor, padrinos, madrinas, amigos de los padres y de los hermanos y familiares.
4. Se ocupó de las decoraciones de las mesas.
5. Ella estaba bastante nerviosa pero todo salió muy lindo.

## 4 Vamos a comprenderlo bien

1. Porque hay muchos detalles que tienen que resolver: los invitados, la corte de honor...
2. Es como un rito de iniciación. Significa que la chica puede participar en ciertos privilegios sociales.
3. *Answers will vary.*
4. *Answers will vary.*
5. *Answers will vary.*

## 5 Reglas de acentuación: la sílaba

1. (ho)la
2. de(pen)de
3. ca li fi ca(ción)
4. con so(nan)te
5. so(ni)do

6. en ten(der)
7. ju(gue)te
8. cua(der)no
9. di ver(ti)do
10. li ber(tad)

La fies/ta del quin/ce a/ñe/ro es u/na ce/le/bra/ción que to/das las mu/cha/chas es/pe/ra/mos con gran i/lu/sión. Ma/má y yo es/tu/vi/mos pre/pa/ran/do la mí/a con seis me/ses de an/ti/ci/pa/ción. Son tan/tos los de/ta/lles que hay que cui/dar que, si no em/pie/zas su or/ga/ni/za/ción tem/pra/no, co/rres el ries/go de que al/go te sal/ga mal.

## 6 Ortografía: las letras *h*, *j* y *g*

1. hay, hicimos, honor, habrían, hermanos, hasta, hizo
2. 

|      **j**      |                        **g**                         |
|-----------------|------------------------------------------------------|
| trabajáramos    | gran, organización, riesgo, algo, salga,             |
|                 | amigas, amigos, tengo, siguiente,                    |
|                 | algunos, gastos, escogimos, cargo, genial,           |
|                 | gracias, ganas                                       |

3. *Answers will vary.*
4. *A veces la* **g** *es suave como la* **j** *(escogimos, trabajáramos) y a veces la* **g** *es dura (gran, tengo).*
5. sí
6. Cuando le sigue una **e** o una **i**.
7. escojo    escogemos    La **g** se convierte en **j** antes de las vocales **o** y **a**
   escoges   escogéis     (Escoja la pabra correcta).
   escoge    escogen

# ■ VAMOS A ESCRIBIR

**7**   *Answers will vary.*

# ■ VAMOS A CONOCERNOS

## 8 A escuchar

Natalie aspirates the <u>h</u> slightly.

| <u>Mario</u> | <u>Lucía</u> | <u>Natalie</u> |
|---|---|---|
| horario(s) | humanístico | ahí, hasta |

## 9 A pensar

*Answers will vary.*

## 10 Así lo decimos nosotros

| Palabra inglesa | Variante local | Español internacional |
|---|---|---|
| **gang** | ganga | pandilla |
| clothes | garras | **ropa** |
| gasoline | **gaselín** | gasolina |
| gravy | greve | salsa |
| groceries | grocerías | **comestibles** |
| to look at | guachar | mirar |
| **(my ) son** | mijito | mi hijito |
| hello | jaló | **hola, aló (teléfono)** |

# ■ VAMOS A CONVERSAR

**11**   *Answers will vary.*

# ■ VAMOS A LEER

## 3 A los detalles

1. En que venía cantando sus canciones favoritas y hasta le permitió a su hijo Lalo que cantara una canción rap que normalmente detesta.
2. A que las grandes corporaciones exigen demasiado a sus empleados.
3. Lo ignora, le hace malas caras o le pide que se retire de su casa.
4. Esconderlo en un lugar más seguro porque teme que su padre lo pueda encontrar.
5. De nostalgia, lo extraña y piensa que los siete días que estará sin verlo se le van a hacer eternos.

## 4 Vamos a comprenderlo bien

1. *Answers will vary.*
2. No, porque los novios ya han hablado sobre su conducta y no van a permitir que afecte su relación.
3. *Answers will vary.*
4. *Answers will vary.*
5. *Answers will vary.*

## 5 Reglas de acentuación: las palabras llanas

1. s
2. r, z
3. b.
4.

| | | |
|---|---|---|
| **frágil** | **carácter** | **cárcel** |
| grupos | centro | **túnel** |
| lunes | **fácil** | **Gómez** |
| **portátil** | **ágil** | camas |

## 6 Ortografía: las letras *b* y *v*

2. Answers will vary, but students should note that both spellings have the same sound for most Spanish speakers.
   **b:** estaba, bolsa, bronceadores, trabajo, haber, cabo, etc.
   **v:** preparativos, revistas, olvide, vino, televisión, viendo, vacaciones, etc.
3. There is no rule that explains when to use **b** and **v**, but students may make up mnemonics to help them remember the spellings of particular words.

# ■ VAMOS A ESCRIBIR

**7**    *Answers will vary.*

# ■ VAMOS A CONOCERNOS

## 8 A escuchar

*Answers will vary.*

## 9 A pensar

*Answers will vary.*

## 10 Así lo decimos nosotros

| Palabra inglesa | Variante local | Español internacional |
|---|---|---|
| guy | **vato** | tipo |
| to joke around | vacilar | **bromear** |
| to be ashamed | **chiviarse** | avergonzarse |
| **to be cool** | alivianarse | estar tranquilo, sensato |
| I saw | vide | **vi** |
| bus | baisón | **autobús** |
| **to eat** | mover bigote | comer |
| to dance | tirar chancla | **bailar** |

# ■ VAMOS A CONVERSAR

**11**    *Answers will vary.*

# ■ VAMOS A LEER

## 3 A los detalles

1. Es una combinación de valores hispanos y del modo de vida americano.
2. Los padres de Sony llegaron a los Estados Unidos sin hablar el inglés.
3. Nunca han estado en un medio donde el dominio del inglés haya sido una exigencia.
4. A veces se siente abrumado.
5. Quiere asistir a la universidad y obtener su título. Después quiere encontrar un buen empleo.

## 4 Vamos a comprenderlo bien

1. La familia depende del hijo bilingüe para satisfacer sus necesidades cotidianas.
2. *Answers will vary.*
3. *Answers will vary.*
4. *Answers will vary.*
5. *Answers will vary.*

## 5 Reglas de acentuación: las palabras agudas

1. n
2. n, s
3. a.
4.

| | | | |
|---|---|---|---|
| **cartón** | amistad | cartel | dormir |
| **cortés** | **atrás** | pared | **sillón** |
| **José** | cultural | tomar | **pronunciación** |
| papel | **canción** | **francés** | juventud |

## 6 Ortografía: las letras c, s y z

1.

| z | s | c |
|---|---|---|
| razón | dieciséis | oficial |
| aprendizaje | sus | cubanoamericano |
| fuerza | hispanos | formación |
| | social | cuentan |
| | sido | compras |
| | estado | nunca |
| | casa | encendido |
| | presentan | autosuficiente |
| | asistir | cajero |

2. La c y la z se pronuncian a veces en forma parecida, por ejemplo: ra*z*ón y so*c*ial. Pero a veces la c se pronuncia como una k, por ejemplo: casa.
3. Cuando la letra c es seguida por las letras e o i en una palabra, se pronuncia como la s. Por ejemplo: die*c*iséis y en*c*endido.
4. Hay que tomar en cuenta los sonidos de las vocales que siguen a la consonante para observar su pronunciación. Por ejemplo, cuando a la c le siguen los sonidos a, o, u u, se pronuncia fuerte, como si fuera una k.

5. hizo
   hazme
   empecé
   empezó

# VAMOS A ESCRIBIR

**7**   *Answers will vary.*

# VAMOS A CONOCERNOS

## 8 A escuchar

*Answers will vary.*

## 9 A pensar

*Answers will vary.*

## 10 Así lo decimos nosotros

| Palabra inglesa | Variante local | Español internacional |
|---|---|---|
| house | cantón | **casa** |
| friend | **cuate** | amigo |
| **to quit** | cuitear | renunciar |
| competition | competición | **competencia** |
| **shoes** | zapos | zapatos |
| classroom | clecha | **salón de clase** |
| yes | **simón** | sí |
| truck | troca | **camión** |

# VAMOS A CONVERSAR

**11**   *Answers will vary.*

# VAMOS A LEER

## 3 A los detalles

1. Un hombre sincero; arte; monte.
2. The student may answer any two of the following: un monte, un abanico de plumas, un puñal, un surtidor, un ciervo herido.
3. El arroyo.
4. *Answers will vary.*
5. *Answers will vary.*

## 4 Vamos a comprenderlo bien

1. Echar sus versos del alma (escribir poesía).
2. Sí.
3. Tiene mucha experiencia.
4. Una rosa blanca; También una rosa blanca; Answers will vary.

## 5 Reglas de acentuación: las palabras esdrújulas

1. antepenúltima
2. b
3.

| | | | |
|---|---|---|---|
| océano | América | fáciles | haciéndolo |
| imágenes | dámelo | capítulo | sílaba |
| auténticos | teléfono | cámara | vámonos |
| espíritu | énfasis | llámame | máquina |

## 6 Ortografía: las letras *r* y *rr*

1. Possible answers:

| Palabras con una *r* | Palabras con una *rr* |
|---|---|
| hombre | tierra |
| sincero | arroyo |
| versos | sierra |
| razón | arranca |
| pobres | |
| muera | |
| ramo | |
| corazón | |
| enero | |
| rosa | |

2.

| Palabra | Regla |
|---|---|
| artes | iii |
| enero | i |
| honra | ii |
| sierra | i |
| rosa | iv |

# ■ VAMOS A ESCRIBIR

**7**   *Answers will vary.*

# ■ VAMOS A CONOCERNOS

## 8 A escuchar

*Answers will vary.*

## 9 A pensar

*Answers will vary.*

## 10 Así lo decimos nosotros

| Palabra inglesa | Variante local | Español internacional |
|---|---|---|
| by chance | de chiripada | **por casualidad** |
| give someone a ride | dar un raite | llevar a alguien en carro |
| let's go | hórale | **vamos** |
| real good | **'ta padre** | estupendo |
| car | caracha | **carro** |
| I will fall | caidré | **caeré** |
| **to kiss** | pichionar | besar |
| truth | beldá | **verdad** |
| I will want | quedré | **querré** |
| brakes | brecas | **frenos** |

# ■ VAMOS A CONVERSAR

**11**   *Answers will vary.*

# VAMOS A LEER

## 3 A los detalles

1. Linda se arregla a las 7:15.
2. Linda es la última persona que sale de la casa.
3. Le gusta la clase de estudios sociales.
4. Lunes, miércoles y viernes de cinco de la tarde a diez de la noche.
5. A Linda le gustaría estudiar pedagogía.

## 4 Vamos a comprenderlo bien

1. Porque no le gusta el menú de la cafetería escolar.
2. *Answers will vary.*
3. *Answers will vary.*
4. *Answers will vary.*
5. *Answers will vary.*

## 5 Reglas de acentuación: las palabras sobresdrújulas

1. anterior
2. c
3.

| | | | |
|---|---|---|---|
| avísamelo | diciéndoselo | cómpramelas | dándonosla |
| quíteselo | arreglándonoslas | pasándosela | apréndetelo |

## 6 Ortografía: las letras *l, ll* e *y*

1. 1. leyó
   2. hallé
   3. se callaron
   4. estrelló
   5. contribuyó
2. 1. poseyó
   2. falló
   3. huyó
   4. sustituyó
   5. atribuyó
   6. calló
   7. se cayó

# VAMOS A ESCRIBIR

**7**   *Answers will vary.*

# ■ VAMOS A CONOCERNOS

## 8 A escuchar

*Answers will vary.*

## 9 A pensar

*Answers will vary.*

## 10 Así lo decimos nosotros

Se escriben **chiquillo** y **bolillo** con **ll**. Se escribe **haya** con **y**.

| Palabra inglesa | Variante local | Español internacional |
|---|---|---|
| **little boy** | chiquío | chiquillo |
| bread roll | **bolío** | bolillo |
| to read | leyer | **leer** |
| apron | delantar | **delantal** |
| to hear | **oyir** | oír |
| had | haiga | **haya** |
| to spell | **espeliar** | deletrear |
| to eat lunch | lonchar | **almorzar** |

# ■ VAMOS A CONVERSAR

## 11 *Answers will vary.*

# ◼ VAMOS A LEER

## 3 A los detalles

1. Les dijo que ellos iban a ser el apoyo de su madre, que tenían que hacerse cargo de la situación y meter el hombro hasta que mandara por ellos.
2. El padre era maestro de primaria. En los Estados Unidos encontró trabajo de ayudante de cocina y de repartidor de periódico.
3. Se sintió completamente feliz de estar junto a su padre y de ver a su familia unida de nuevo.
4. Ha sido muy difícil. El desconocimiento del inglés le ha creado sentimientos de inseguridad muy fuertes.
5. Se refugia pensando en su antiguo país. Idealiza sus recuerdos del mundo en que se sabía aceptado y querido.

## 4 Vamos a comprenderlo bien

1. *Answers will vary.*
2. *Answers will vary.*
3. *Answers will vary.*
4. *Answers will vary.*
5. *Answers will vary.*

## 5 Reglas de acentuación: el hiato

1. a, e, o
2.

| realidad | Mateo | correo | roer | cae |
|---|---|---|---|---|
| creas | rodeo | traer | canoa | creer |
| feo | trae | Beatriz | sea | leo |

3.

| re/a/li/dad | Ma/te/o | co/rre/o | ro/er | ca/e |
|---|---|---|---|---|
| cre/as | ro/de/o | tra/er | ca/no/a | cre/er |
| fe/o | tra/e | Be/a/triz | se/a | le/o |

## 6 Ortografía: las letras *k, qu* y *c*

1. 1. saqué
   2. mascó
   3. busqué
   4. piqué
   5. pescó
2. 1. picó
   2. tocó
   3. pecó
   4. pesqué

NATIVE SPEAKER ACTIVITY BOOK CAPÍTULO 8 · ANSWERS

# ■ VAMOS A ESCRIBIR

**7** *Answers will vary.*

# ■ VAMOS A CONOCERNOS

## 8 A escuchar

*Students may notice these words:* caráota, contiene, típico, época, queso, cocinado, que, poco. *Answers to the second part of this question will vary.*

## 9 A pensar

*Answers will vary.*

## 10 Así lo decimos nosotros

| Palabra inglesa | Variante local | Español internacional |
|---|---|---|
| **I think so** | croque sí | creo que sí |
| fireworks | cuetes | **cohetes** |
| brain | **celebro** | cerebro |
| science | **cencia** | ciencia |
| chance | chanza | **oportunidad** |
| **Christmas** | crismas | Navidad |
| to crack | craquiar | **cuartear/romper** |
| **to shine** | chainear | dar brillo/lustre |

# ■ VAMOS A CONVERSAR

**11** *Answers will vary.*

# VAMOS A LEER

## 3 A los detalles

1. Que los niños monolingües eran superiores académicamente a los niños bilingües.
2. Porque analizan los problemas desde más de una perspectiva.
3. El 32 por ciento.
4. Unas 300 millones.
5. En el 30 por ciento.

## 4 Vamos a comprenderlo bien

1. Una persona bilingüe es alguien que habla dos lenguas.
2. Una catedrática de la Universidad Americana en Washington.
3. *Answers will vary.*
4. *Answers will vary.*
5. *Answers will vary.*

## 5 Reglas de acentuación: el diptongo

1.
| A | E | I | O | U |
|---|---|---|---|---|
| ai | ei | ia | oi | ua |
| au | eu | ie | | ue |
| | | io | | ui |
| | | iu | | uo |

2. u
3. En la primera columna, las palabras no forman un diptongo y representan dos sílabas. En la segunda columna, forman una sola sílaba.
4. dos, acento escrito
5.

| | | | |
|---|---|---|---|
| **día** | **ataúd** | vacío | **María** |
| nadie | **no te ríes** | tiempo | **río** |
| **poesía** | **mío** | **Raúl** | causa |
| gracias | ruido | aula | **ponía** |

## 6 Ortografía: las letras *m*, *n* y *ñ*

1.
1. co**m**isión
2. a**n**otación
3. co**n**memorar
4. i**n**migración
5. co**m**unicar
6. gra**m**ática
7. a**n**ual
8. aco**m**odar
9. a**n**iversario
10. i**n**mediato

2.
1. A **m**e**n**udo hago las co**m**pras e**n** el **m**ercado.
2. E**n** **M**éxico pagué 100 pesos por u**n** bistec.
3. Trabajé como depe**n**die**n**te e**n** u**n**a tie**n**da de ropa elega**n**te.
4. El se**ñ**or Nu**ñ**ez compró u**n**a pi**ñ**ata para el cumplea**ñ**os de su ni**ñ**a.

# ■ VAMOS A ESCRIBIR

**7** *Answers will vary.*

# ■ VAMOS A CONOCERNOS

## 8 A escuchar

*Answers will vary.*

## 9 A pensar

*Answers will vary.*

## 10 Así lo decimos nosotros

| Palabra inglesa | Variante local | Español internacional |
|---|---|---|
| **much** | muncho | mucho |
| **nine hundred** | nuevecientos | novecientos |
| light fog | **nublina** | neblina |
| animal | alimal | **animal** |
| company | **companía** | compañía |
| cloudy | ñublao | **nublado** |
| **hand** | manopla | mano |
| to drive | **manijar** | manejar |
| **teacher** | maistro | maestro |

# ■ VAMOS A CONVERSAR

**11** *Answers will vary.*

# ■ VAMOS A LEER

## 3 A los detalles

1. Siete.
2. Diluía con agua el jugo de naranja para que rindiera más.
3. No. Porque solamente vio en la tele los anuncios comerciales de los cereales.
4. El abuelo no tenía ninguna educación formal. Anna sí pudo hacer una carrera universitaria.
5. Eduardo Aguayo. Es de las afueras de Santiago de Chile.

## 4 Vamos a comprenderlo bien

1. Un hijo. Ve bien el futuro, con todas las necesidades materiales, educacionales y emocionales satisfechas.
2. Es una casa diseñada a su gusto, con un bonito césped. Tienen automóviles último modelo y todos los aparatos imaginables y utensilios de cocina.
3. Sí, influyen en lo que cree, en cómo actúa, en quiénes son sus amigos, en cómo vota y en qué lengua prefiere hablar.
4. *Answers will vary.*
5. *Answers will vary.*

## 5 Reglas de acentuación: el acento diacrítico

1. De verdad no sé quién tiene tu dinero.
2. Sólo tú y yo sabemos la verdad.
3. Dímelo a mí, por favor. Puedes confiar en mí.
4. — Tu hermana es muy simpática.
   — Sí, ¿verdad?
5. Prefiero estar solo. No sé qué me pasa.
6. ¿De dónde es Sony? Pues, él es de Cuba.
7. Mi amiga se va a casar el sábado.
8. Quiero más té, si Ud. me hace el favor.
9. Deme más tiempo. Estoy muy apurado.
10. ¿Vas a tomar un té con él?

## 6 Ortografía: la letra *s*

3. 1. Quiero má*s* té por favor.
   2. Vamos a bu*s*carlo.
   3. ¿Habla u*s*ted e*s*pañol?
   4. Lo*s* tre*s* amigo*s* bueno*s* se ayudan.
   5. Esa es una pregunta muy difícil.
   6. Está lloviendo a cántaro*s*.
   7. Bueno*s* día*s*, ¿Cómo e*s*tá(s)?
   8. ¿De dónde ere*s* tú?

# ■ VAMOS A ESCRIBIR

**7**   *Answers will vary.*

# ■ VAMOS A CONOCERNOS

## 8 A escuchar

*Answers will vary.*

## 9 A pensar

*Answers will vary.*

## 10 Así lo decimos nosotros

| Palabra inglesa | Variante local | Español internacional |
|---|---|---|
| **Oaxaca** | Oajaca | Oaxaca |
| watch out | wacha | **cuidado** |
| **experience** | experencia | experiencia |
| old age | **viejez** | vejez |
| water | awa | **agua** |
| Mexico | **Méjico** | México |
| **insurance policy** | aseguranza | póliza de seguros |

# ■ VAMOS A CONVERSAR

**11**   *Answers will vary.*

# VAMOS A LEER

## 3 A los detalles

1. La protagonista y Lety han sido amigas desde hace mucho tiempo.
2. Lety: arte dramático y la protagonista: ballet folklórico.
3. Suelen criticar a las amigas que no les simpatizan y hablar por teléfono de los muchachos que andan pretendiendo.
4. Los papás de la protagonista son autoritarios y controladores. Los papás de Lety se portan como amigos de sus hijos. En la casa de Lety hay un clima de libertad. En la casa de la protagonista hay un ambiente de respeto y obediencia.
5. Que se van a escribir una vez por semana y que su amistad va a durar hasta que sean unas ancianitas.

## 4 Vamos a comprenderlo bien

1. *Answers will vary.*
2. *Answers will vary.*
3. *Answers will vary.*
4. *Answers will vary.*
5. *Answers will vary.*

## 5 Reglas de acentuación: la diéresis

1. apacigüé
2. pegué
3. atestigüé
4. agüé
5. pagué
6. guié
7. amortigüé
8. madrugué

## 6 Ortografía: ejercicios de repaso

1. Tuve que subir 10 pisos por la escalera, el ascensor no estaba funcionando.
2. Iba a ir a la fiesta pero cambié de opinión.
3. Me encontré a Luis en la biblioteca. ¡Qué suerte!
4. Luisa trae un auto nuevo. Trabajó todo el verano para comprarlo.
5. Ese maestro es bastante estricto. Yo que tú estudiaba.
6. "Esplendor en la hierba" es una de mis películas favoritas.
7. No lo conozco. Le contesté el saludo como una reacción espontánea.
8. Saqué un cien en la prueba.
9. El pastel de zanahoria me sale muy bueno.
10. Anoche se fue la luz y no tenía fusibles.

# ■ VAMOS A ESCRIBIR

**7**  *Answers will vary.*

# ■ VAMOS A CONOCERNOS

## 8 A escuchar

*Answers will vary.*

## 9 A pensar

*Answers will vary.*

## 10 Así lo decimos nosotros

| Palabra inglesa | Variante local | Español internacional |
|---|---|---|
| iron | fierro | **hierro** |
| **outside** | ajuera | afuera |
| **sheriff** | cherife | alguacil mayor |
| to play | fugar | **jugar** |
| **to go for a stroll** | trafiquiar | dar la vuelta |
| knife | **fila** | cuchillo |
| to bother | fregar | **molestar** |
| to do, to make | **facer** | hacer |
| **small change** | feria | cambio |

# ■ VAMOS A CONVERSAR

**11**  *Answers will vary.*

# ■ VAMOS A LEER

## 3 A los detalles

1. Traían sus bolsillos llenos tan sólo con el sueño americano.
2. Nunca quiso que sus hijos se olvidaran de dónde venían, ni que se sintieran avergonzados de su origen.
3. Terminó la secundaria con honores y consiguió una beca para la universidad.
4. Que era la lengua que hablaba "la gente que limpia nuestras casas".
5. Que ésa era la lengua que él usaba para hablar con ella y con Dios.

## 4 Vamos a comprenderlo bien

1. *Answers will vary.*
2. Incidente cómico: Cuando la autora alteraba, en la traducción al inglés, algunas expresiones excesivas de su madre al hacer las compras. Incidente triste: Cuando el niño, orgulloso de su cultura, recibe el comentario cruel de sus compañeritos de escuela en torno a que la lengua española es el idioma que habla "la gente que limpia nuestras casas".
3. *Answers will vary.*
4. *Answers will vary.*

## 5 Reglas de acentuación: Un repaso

1. **débil**
2. **sartén**
3. **jamás**
4. influir
5. **¿cómo?**
6. arroz
7. joven
8. nunca
9. suerte
10. **lloverá**
11. **rápido**
12. tenis
13. **café**
14. **tenía**
15. volteado
16. **reunión**
17. **¿cuál?**
18. **té con hielo**
19. **María**
20. animal
21. Carlos
22. hablar
23. ahora
24. peine
25. **coquí**

## 6 Ortografía: ejercicios de repaso

1. Yo escojo a mis propias amigas.
2. Me dijo mi padre: escoge una camisa que te guste.
3. Faltan dos hoyos para terminar el partido de golf.
4. Hay días en que quisiera quedarme mejor en casa.
5. No me gusta como concluye la novela.
6. Te dije que te pusieras otro traje, ése no te queda.
7. Ayer cerraron las puertas de la fundición de hierro.
8. Mi tía huye de las aglomeraciones, la enferman.
9. Llegó la carta que estaba esperando.
10. No me gustan los video juegos violentos.

# ■ VAMOS A ESCRIBIR

**7**   *Answers will vary.*

# ■ VAMOS A CONOCERNOS

## 8 A escuchar

*Answers will vary.*

## 9 A pensar

*Answers will vary.*

## 10 Así lo decimos nosotros

| Palabra inglesa | Variante local | Español internacional |
|---|---|---|
| to ask for | pidir | **pedir** |
| **well, so** | pos | pues |
| to push | puchar | **empujar** |
| **wall** | pader | pared |
| **also, too** | tamién | también |
| I brought | truje | **traje** |
| mouth | **trompa** | boca |
| **to type** | taipiar | escribir a máquina |
| **to inject** | inyekchar | inyectar |
| to kick | kikear | **patear** |

# ■ VAMOS A CONVERSAR

**11**   *Answers will vary.*